谨以此书纪念中国社会科学院建院 40 周年

主　　编／方　军

副 主 编／林新海　梁艳玲

执行主编 ／ 刘玉杰

学术名家自述

高莽 / 自述

吴文川 / 整理

高莽

社会科学文献出版社
SOCIAL SCIENCES ACADEMIC PRESS (CHINA)

编前语

党的十八大以来，以习近平同志为核心的党中央，高度重视繁荣发展我国哲学社会科学事业。2016 年 5 月 17 日，习近平总书记在哲学社会科学工作座谈会上发表重要讲话，强调："广大哲学社会科学工作者要树立良好学术道德，自觉遵守学术规范，讲究博学、审问、慎思、明辨、笃行，崇尚'士以弘道'的价值追求，真正把做人、做事、做学问统一起来。要有'板凳要坐十年冷，文章不写一句空'的执着坚守，耐得住寂寞，经得起诱惑，守得住底线，立志做大学问、做真学问。"总书记的讲话高屋建瓴，对广大哲学社会科学工作者寄予了殷切期望。

2017 年是中国社会科学院建院 40 周年。40 年来，中国社会科学院先后涌现了一大批政治合格、学术领先、学风优良的专家学者。他们中有一批年高德劭、造诣精深的知名专家学者，堪为学科史乃至学术史上的一面面旗帜。通过对他们的深度访谈，或请他们自述，记录下他们孜孜矻矻、上下求索的治学历程，记录下他们探赜索隐、钩深致远的深邃思索，也记录下他们"为天地立心，为生民立命，为往圣继绝学，为万世开太平"的崇高理想和人生境界，请他们为薪火相传的学术事业"传道、授业、解惑"，这样既可为学科史、学术史抢救一手可信的史料，也可为构建中国特色哲学社会科学学科体系、学术体系和话语体系掇菁撷华。因此，贯彻落实习近平总书记"5·17"重要讲话精神，编辑出版"学术名家自述"丛书，对加快构建中国特色哲学社会科学体系具有重要意义。

为此，中国社会科学院办公厅联合社会科学文献出版社组成编辑部，确定丛书的方案、编写大纲，并对丛书的框架、内容、体例等进行多次研讨。同时，邀请中国社会科学院的荣誉学部委员、学部委员进行学术自述，并陆续推出。

考虑到部分老专家年事已高，经历各异，学科之间千差万别，无论是请他们自撰还是对他们进行访谈，都殊非易事。首批推出的几位名家自述，我们本着实事求是的原则，只求真实记录，不求风格上的统一。内容上，或有他们对成长历程的回忆；或有他们对学科发展的回顾；或有他们对治学特色的讲述；或有他们的人生感悟……叙述方式上，采用第一人称叙事法，尊重自述者的个人语言风格。

本丛书得到了中国社会科学院各位专家学者的大力支持，得到了各位撰稿人的热情帮助，在此我们表示衷心感谢。囿于时间、人力、物力，错误和不足之处在所难免，敬请读者批评指正。

丛书编辑部

2017 年 4 月

启蒙期

我少小时的家庭

1926年10月25日，我出生在冰城哈尔滨市离松花江不远的道外区十六道街的一个大杂院里。

这里居住着许多因天灾频仍和义和团运动之后八国联军侵华而迁徙到哈尔滨谋生的老乡。我们家祖籍是河北昌黎县，我爷爷叫宋芷泉，是买卖人，有自己的店铺，积累了一定资金后，入股了砖窑，每年分得一些红利，所以，家里日子还算殷实。

爷爷养育了五女一子，我父亲宋文湘，号澜波，生于1897年，念过几年私塾，18岁时娶河北人氏高卓兰为妻。母亲生于1895年，那时候，时兴找个"大媳妇"，好照顾"小丈夫"。我父亲常因失业不断找工作而忧愁、苦恼。有一次，因为与日本人打架而被发配到离哈尔滨100多里地的宾县去做小职员，我常常见不到他，所以对父亲的印象不深。我父亲并不严厉，家人都好开玩笑，家庭比较和睦。

父母养育过五子一女，按照宋家的家谱，我们这一辈排行"玉"字，我们兄弟起名都有一个"木"字偏旁。爷爷开始给

儿时的小伙伴们
后排左一为高莽

我起名宋玉枢，之后改为宋玉槐，后来又改成宋玉楠。因我行四，所以，家人都叫我"小四"。没有想到，这个乳名一叫就是几十年，甚至我参加革命工作之后，大家还是习惯地叫我乳名。"四"又是英文"Sir"（先生）一词的发音，意思挺好。上学时，"宋玉楠"的名字没有人叫，同学们都叫我"小四"或"Sir"。后来，我随母姓，改名为"高莽"。

宋家的大本营在北平，大哥、二哥在北平。奶奶去世之后，爷爷续弦的后奶奶在哈尔滨生活了几年后也去了北平，爷爷只好两地奔波。而我和三哥一直跟着母亲在哈尔滨生活。母亲没有上过学，又是小脚，她以柔弱之肩扛起了家中的大事小情，无怨无悔，眼里总有干不完的家务活儿，不用公婆吱声，

1962 年全家合影
后排右一为高莽

她早早就把那些活儿拾掇得干净利索了。家里其他人都出去了，我就总是缠着妈妈，问这问那，问题特别多，我妈不识字，但不等于没有文化知识，她很会讲故事，妈妈管讲故事叫"瞎话儿"，大多数是她看戏曲或听说书段子后记忆下来的。这是我童年最早的艺术熏陶和知识启蒙。

1932年2月6日，日本鬼子纠集汉奸伪军攻入哈尔滨，从此，冰城人民被日本帝国主义血腥奴役了13年。此间，爷爷经营的买卖被迫关闭，父亲失业，全家只靠砖窑的那点年终红利生活。从此，家里失去了往日的欢乐，大人唉声叹气，小孩哪儿敢大声出气？母亲千叮咛万嘱咐，不许我到街上去玩儿。这一年7月，连下大雨，松花江水暴涨，全院居民围堰堵水，向外淘水。三哥把我放在大木洗衣盆里，漂在水上玩耍，不料盆子翻了，我浑身湿透，妈妈没有训斥我，反而轻柔地给我洗干净身子。这场洪水造成了哈尔滨十几万人成了灾民，露宿街头，饥寒交迫，卖儿卖女，妻离子散，每天都有大批因冻饿而毙命的"死倒"，惨不忍睹……

我在基督教会学校学习了 10 年

后来，我家搬到南岗区，住进一个大杂院，房东姓孟。1933年5月我7岁时，房东孟先生对我父母说："让你家两个孩子也上那个基督教青年会办的学校吧！俺家那两个小子就在那儿读书。"父母很高兴地答应下来。

第二天，房东家的两个儿子带着我和哥哥来到花园街 59 号的基督教青年会，老师问了我们一些简单的算术题和生活常识后，准予入学。

我上的不叫学校，叫基督教青年会，英文缩写 YMCA，俄文缩写 XCMЛ。"基督教青年会"原本是以发扬基督教品德为宗旨的群众组织，1851 年，"基督教青年会"从英国传到北美洲，获得空前发展。美国基督教青年会除原有的活动外，又增加了办校事业，哈尔滨基督教青年会就是这样出现的。

哈尔滨的基督教青年会创办于 1925 年，第一任校长是美国人海格。学校有个校徽：一个健壮的男性，肌肉发达，作动作状，框在一个三角体当中。三角的每个边上分别有一个词："精神""体魄""智慧"。学校的口号是"健康的精神寓于健康的体魄之中"，它表明这个学校不仅注意智力教育，还注意体育锻炼。学校有校服。30 年代时，同学可以留发；到了 40 年代，日本军国主义加强控制，学生都得剃光头。学校虽然名为"基督教"，却也有不信基督新教的同学，像俄罗斯同学就多数信东正教。

哈尔滨地区外民族中以俄罗斯人最多，我们学校里也是以俄罗斯同学为主。哈尔滨离俄罗斯近，1898 年，帝俄入侵我国，定哈尔滨为中东铁路的交汇点。随着中东铁路的建设，松花江中游这块满汉多民族的渔猎地带飞速地发展成为一座城市。1905 年辟为商埠，俄、日、英、美、德、荷、比等 15 个国家的领事馆和 36 国的侨民共 10 万多人蜂拥而至，成为国际城市，有"东方小巴黎"之称。

俄国十月革命爆发后，又有大批俄国人逃亡到哈尔滨。其中有不少文化人士和文艺工作者，更多的是普通老百姓。

哈尔滨基督教青年会的创办可能主要考虑的是俄裔子弟及其他各国侨民子女，学生中有波兰人、乌克兰人、爱沙尼亚人、立陶宛人、犹太人、朝鲜人，以俄国人最多，而中国学生不多。

这里的老师都是外国人，用俄语与英语授课。语文使用的是帝俄时代的俄语课本，英语课本则寄自美国。学制为预备班三年，然后是七年制中学，另有夜大。

一堂课下来，我一句也听不懂。回到家，书包没放下就抱着妈妈委屈地大哭起来，并哽咽着说："我不去那个学校念书了，他们说的话我听不懂呀……"一直搂着我的妈妈，从慈爱一下子变得严厉起来，说："四儿，你就这点出息啊？""什么事儿都是从不会开始的。你上学不就是为了从不会到会吗？遇到点事儿就打退堂鼓，那以后大了你还能干啥？"妈妈又说："你看你三哥咋不说不学呢？人家孟先生家两个哥哥，学得多带劲儿，天天乐乐呵呵去上学。记着，万事开头难！学进去就不难了。"妈妈的话让我一肚子的委屈烟消云散了。

从此，上学的路上和回家的路上，我都向孟家哥哥请教俄语，他们俩入学早，读过预备班，他们成了我们哥俩的俄语辅导老师。俄语听说要过读写这一关，小孩子可塑性强，经过努力，我由听懂一部分到渐渐听得懂，再到会读会写，我是硬拼着闯过了这一关。

小时候，我身体羸弱，经常闹病；因语言的差距，我的功课也不好，信心不足，胆子很小，这样的性格，在班里难免受欺负。当身体强健的外族同学欺负我时，我尽量躲避，有时候躲不开了，只能默默忍受。

基督教青年会是栋四层楼，另外有地下室，更衣室和图书馆都设在那里。同学们进校后先到更衣室，要脱掉制服，换上工作服。男同学是灰色的及膝罩衣，腰间有灰色布腰带；女同学是藏青色上下衣，前身是白色的围裙。

花园街很幽静，石砌的路面，树木葱郁，两边是俄罗斯式的板障子墙围起来的小院。这种房屋布局在我国其他地方少见。

学校没有院子。每天早晨上课之前，全校师生都在四楼大

在哈尔滨基督教青年会中学篮球场上合影

礼堂里集合，举行早祈，然后回各班上课。每周有两三堂宗教课，讲授东正教教义。不信东正教的同学可以不上这一课，这也是校方提倡的一种信仰自由。小的时候，谁愿意上宗教课，都喜欢玩。所以，不信东正教的孩子们就去玩球了。我就是借这个机会学会了各种球类。我一直是班里篮排球队的队员，因为爱打球，右胳膊两次骨折，因此，右手的握力似乎一直比较差。

我们的四楼大礼堂同时也是室内体育场。这个体育场在全市很有点名气，青年会的球队在全市也是名队，在和外国学校球队比赛中，经常拿冠军。

自从我从事外国文学研究以后，经常会因不熟悉外国文学中的宗教典故致使研究受阻而沮丧，悔恨少年时代没有听过宗教课。这虽然是个缺陷，但反过来又何尝不曾受益？锻炼身体不说，参加革命后，就没有在政治运动中因宗教信仰问题遭到审查。否则，谁能相信在教会学校读书10年，竟能不信教？这是理所当然的疑问。

1941年，太平洋战争爆发之后，美国校长海格回了国。俄国校监沙拉巴诺夫管理过一段时间，我忘不了他那一把颇有风度的大胡子。学校后来由日本人接管了，但时间不长。校长名叫酒井美智男，他打过学生，遭到我们罢课抗议。

日本人接管学校后，英语课被取消，改授日语。日本人的势力在这个学校里始终有限。教日语的教员是酒井美智男的岳母，为人和蔼，穿着一身宽松肥大的和服。上课时，她喜欢在学生座位间来回走动。同学们经常拿她开心，当她从身边经过时，有的同学趁机把纸屑、糖果皮等投进她宽大的衣袖口袋中去。她也许没有察觉到，也许装作不知道，总之，她从未因此批评过学生。另外有个俄国女人教过日语，专靠训人来维持她的威信。老师在课堂上说过日文不及格的同学不能毕业，可是我们全班考试日文成绩都很差，校方无可奈何，只好睁一只眼闭一只眼。

我不喜欢日语，却喜欢俄罗斯文学课。女教师用那磁性的声音，声情并茂地把俄罗斯 19 世纪文学大家经典著作中的情节活灵活现地娓娓道来，感染着每一位同学。普希金的童话、小说、诗歌，给了同学们一种超然、奔放、纯洁的审美意境。讲到果戈理的《狄康卡近乡夜话》《钦差大臣》等著作时，乌克兰农民的欢乐场面和对达官贵人的鞭挞，让同学们捧腹大笑。讲到克雷洛夫寓言时，老师语调幽默、表情夸张，用书中的智慧启迪了同学们的心灵……

基督教青年会丰厚的文学艺术底蕴让我从小受到熏陶，终身受益。

青年会的教务主任阿列克谢·格雷佐夫（笔名阿恰伊尔）是哈尔滨俄侨中的著名诗人、教育家。他发起组织了"青年丘拉耶夫卡"文学会，该会利用青年会场地每周举行两次集会：每逢星期二是报告会或音乐文学节目晚会，请著名学者和老一代文学家做报告；每逢星期五是青年小组成员活动，分组讨论文学理论问题，交流创作方法，朗诵成员的诗作，评选优秀作品。

青年会还经常组织文艺演出，节目都是老师根据俄语课本中的小故事编排的童话剧，由各班老师当导演，组织同学们排练演出。

有一次，老师让我在一个儿童剧里扮演小松鼠的角色。我的试演得到老师和同学们的称赞，自己光高兴了，把服装要自己解决这事给忘掉啦。还有两天就要演出了，我急得不知如何是好，妈妈安慰我："你放心好了！妈妈给你做……"妈妈买来一块灰绒布，剪裁、缝纫。第三天清早我醒来时，发现妈妈依然坐在缝纫机前。她微微一笑，拿起一件带大尾巴的松鼠戏装让我看。我试了一下，好极了。那时，我根本没有想过：妈妈为了让自己的儿子高兴，连夜不睡，辛劳了两天两夜。我穿着带大尾巴的松鼠戏装参加演出，同学们都投来赞许和羡慕的目光，演出获得极大成功。

我忘不了学校为了庆祝毕业而举办的"白色舞会"。所谓"白色舞会"，即女同学都身穿白纱礼服，男同学穿藏青色西装。年终，新年即将来临，"白色舞会"与圣诞节同时举行。大礼堂中央立起一棵高大枞树，树枝上缀满蜡烛、彩灯与小礼物。这是毕业生的节日。小班同学也来参加，但他们只能留到晚8时。舞会上有"邮递员"专门负责传递信件、贺卡、邀请信等，还有文艺演出。

家长们也被邀请出席"白色舞会"，同时还邀请了很多嘉宾。我记得邀请信是手绘的，我就画过很多邀请信。至于信上的文字，由其他同学或老师填写。

那时，我父亲在外县工作，我母亲缠足，他们既没有出席白天的毕业典礼，也没有出席晚会。

1943 年 12 月我毕业时，全班只有我一个中国人，其他几位中国同学先后中途退学了。当时，我没有想到毕业后的日子，失学，无业，逃避伪满兵役。17 岁时，我走向另一种世界——繁杂的社会。

从我们学校出来的中国同学中，进入社会以后，以外文作为谋生手段者不少。

哈尔滨基督教青年会培养了一批英语和俄语人才，他们在新中国社会主义建设事业中都发挥过应有的作用。

新中国成立后，外族同学都纷纷飘散到世界各地去了。俄罗斯的同学有的不愿回到祖国苏联，便去了澳大利亚，有的去了美洲和欧洲。总之，世界五大洲几乎都有哈尔滨基督教青年会的学生。

我的三位俄罗斯美术老师

在上学期间，我先后有过 3 位俄罗斯美术老师。

基督教青年会的美术老师是亚历山大·斯捷潘诺夫（1894 ～ 1972），他在莫斯科艺术学院毕业，参加过第一次世界大战，1924 年从海参崴秘密越境，辗转来到哈尔滨。他除了在学校和自己的工作室教学之外，还为教堂创作壁画，创作油画，为建筑内部做美术装修，为戏剧做舞台美术工作等。他只是在大课堂里作画，没有专门指导。他是一位有一定名气的油画家，我参观过他在哈尔滨举办的画展，印象很深。他的风景油画令人冥思苦索。哈尔滨熙熙攘攘的市街、郊外金色的农村、松花江畔太阳岛等地都是他描绘的对象。我特别感兴趣的是他对阴影的处理，阴影在我的眼中是灰色的，而他的画中往往用透明的紫色。我感觉到色彩也会说话，色彩是一种悦目的美。

那时，我想方设法浏览了许多俄罗斯画家的油画作品，俄罗斯油画鲜明的现实主义绘画理念和浓郁的理想主义情怀对我产生了极大的影响，特别是当我看到列宾的《伏尔加河上的纤夫》这幅画时，我的心被深深震撼了。

1937年2月10日是俄国文学家普希金逝世100周年，哈尔滨俄侨和社会各界准备举行隆重纪念活动。基督教青年会与哈尔滨的中共地下党早期建设有着千丝万缕的联系，因此，这次活动也是共产党人和左翼作家借纪念普希金的名义，与日本帝国主义的所谓"满洲的王道文化"展开的一次针锋相对的斗争。

一天下午，我与同学们议论普希金决斗逝世的事，老师玛莉亚看到我的眼里噙着泪水，就对我说："你对普希金的热爱让我感动。"停了一下，老师又说："你是否能按普希金诗集里的那幅画像，临摹一幅普希金的肖像……"我那时候才11岁，虽然心里激动，但担心自己画不好。玛莉亚说："老师相信你一定会画好这幅肖像的！"

　　我从图书馆借回那本读了数遍的普希金诗集，对着封面上的普希金画像反复端详、琢磨……我妈妈看我这么专注，就说："孩子，你要画出普希金的心啊！"妈妈的话点醒了我几日的苦思冥想。我立刻开始作画，两天后，我怀着忐忑不安的心情把我画的普希金肖像送到玛莉亚老师那里。当老师看到那幅画像时，眼前一亮，惊叫着喊道："天啊！亲爱的，你是一个天才！"

　　1937年2月12日，哈尔滨市各界在铁路俱乐部隆重举行纪念普希金逝世100周年晚会。基督教青年会也在大礼堂举行近百人集会，有专题报告和发言，也有文艺演出。青年会图书馆还举办了普希金展览，我画的临摹画像和众多美术作品挂在展品室走廊的墙壁上。4天中，有数千人参观了展览。

　　展后，老师把那幅临摹画像挂在教室的墙壁上。那几天，我上课不安心了，总是偷偷地看自己的画，好像在与普希金交流着什么。我那时想，我以后一定要画出自己创作的普希金画像。79年过去了，我确实画了不止一组普希金画像。

　　我在校外的第一位油画老师是弗拉基米尔·尼古拉耶维奇·奥西波夫（1872～?）。年过花甲的他身材高大，留平头，蓄着一把胡须。他家在马家沟区，一个独门小院，一座小平房，满院花草树木把房间遮得暗暗幽幽。

　　我父母满足了我对绘画的爱好，绘画的文具、用具都给我买，父母希望我借向俄罗斯老师学画的机会，提高一下俄语水平。

老师和善，他的老伴像对待自己的孩子或孙子一般关爱我，有时还留我在他们家里吃饭。他有个儿子，30来岁，也画油画。那时，我一周到奥西波夫老师家两次。首先，他教我怎样制作油色、画布、画框等，后来让我临摹油画作品，最经常临摹的是希什金画的森林，有时也让我在院里的某个角落写生。

奥西波夫老师在哈尔滨以临摹油画出名。哈尔滨市内的一些大宾馆、大影院和大商店，都有他临摹的作品，如列宾的《扎波罗什人给土耳其苏丹写的回信》、希什金的《森林的早晨》等名画。

那时我大约10岁，开始掌握油画的技法。

有时也背着油画箱，提着三脚架，拎着一张绷在木框上的画布，到街头写生。我在铁路公园画过入口处的大花坛、紫丁香丛，在江畔附近画过大教堂，还在义州街桥头画过月夜，可能都是受到俄罗斯文学和油画的影响。

我课外的第二位油画老师是阿列克塞·尼古拉耶维奇·克列缅季耶夫（1875～1946）。当时我已经十六七岁了，有几年画油画的经验。那时，我的家已经从南岗搬到马家沟。有一天，我发现跟我家后门相邻的一个小院里，常有男女青年手提油画箱进进出出。我从他们口中得知院里住着一位俄罗斯画家，教授油画课程。我觉得是个好机会，于是主动找上门去。克列缅季耶夫让我给他看我的作品，看后，他便把我分配到人物班。

克列缅季耶夫老师是私人办学，开了几个班，有两个静物班，

15 岁正在学画的高莽

一个人物班。每个班有七八位同学，基本上都是俄罗斯孩子。

据哈尔滨著名记者王宏波考证，克列缅季耶夫是俄罗斯最伟大的现实主义画家、巡回展览画派代表人物伊里亚·列宾的门生。因我没有查过有关资料，不敢妄称自己是大师学生的学生，怕自己的画有损于大师的名声。

人物班上课时，每次指定一位同学当模特儿，坐在较高的台子上，让大家画像。一幅肖像，一般要画四五次。克列缅季耶夫在学员座位的夹道中间走来走去，作些具体指导，有时也动动笔。画完了以后，大家把作品摆在一起评比。老师是主要的评论员，我们也发表各自的意见。最后，当模特儿的同学可以随意选择任何人画的一幅肖像归为己有，留作纪念。

我当过模特儿，选了一个男同学为我画的肖像。

有一次，一位女同学选了我画她的背光侧影像。60 年后，我得知她是犹太姑娘，移居以色列，已成为著名的画家。她的名字已经被编入俄罗斯出版的《犹太名人百科全书》，她叫季娜·什穆什科维奇。

1943 年，克列缅季耶夫为自己的学生们举办了一次画展。

我们每人提供三四幅作品，我的作品是《祖父》《自画像》《牧歌》，参观的人挺多。哈尔滨市一家用俄文出版的报纸还专门发表了评论文章。其中《自画像》保留至今，这是我几十年从事油画创作的最早纪念。

早年画油画，对我后来从事创作有很大的益处，但我也因此一度走上歧途：只知学习西方油画，不知继承国画传统。那时，我认为油画科学，合乎解剖学，重视明暗、透视等，但却轻视了祖国绘画的伟大传统，或者更确切地说，我远未能理解国画的奥妙，它的人文精神、它的高雅、它的脱俗、它的非凡、它的线条功力，它的布色运笔技巧、利用墨色、使用宣纸等等。

俄罗斯民族是个爱读书的民族。20 世纪三四十年代的哈尔滨，凡是俄罗斯侨民比较集中的地方，都会有私人图书馆和旧书铺。那时，我经常到这些地方去翻阅旧书，曾买过当地画家洛巴诺夫的铅笔画集，买过日本研究俄苏文学艺术的学者升曙梦的《新露西亚文学史》。日本人统治时，家里经济不如以前了，但我妈最懂我的心，不惜给我钱，让我买了一本价钱不菲、印刷精良的大画册《波兰油画集》，满足了我学习的心愿。

因为我从一开始就接受欧化教育，我爷爷担心我的汉语水平低，特意为我们兄弟二人请了一位汉语家庭教师。我爷爷的古汉语有一定功底，一天，他测验我的汉语水平，出上联"风送筝声远"，我对出"日落笛韵长"，爷爷比较满意。

民族思想的蒙眬与铁蹄下的反抗

对于日寇统治下的伪满时期，我是有着深刻记忆的。我的二哥宋玉檀留学日本时参加了国民党组织，1940 年回哈尔滨时，被日本宪兵队逮捕，受尽严刑拷打。日本人以"反满抗日"罪，定我二哥为"国事犯"，判刑 15 年。父亲因受牵连也被关了起来。我们家周围不时有日伪特务出现，还不定期地来家里搜查。我的母亲虽然瘦弱，却以无比的刚毅挑起了全家人的生活重担。

我的同学们无一不憎恨日本鬼子，对当局的命令从心里表示不服。日本人强迫中国人路过神社时要向鬼子的亡灵鞠躬默哀，我们宁可绕道多走路，也不给神社鞠躬。神社对过是教堂，于是，我们就结帮搭伙，有意经过神社，到了大门口时便背向神社，做出面对教堂祈祷的样子。有时，还脱下帽子鞠个躬，但，不是对神社，而是对教堂。用我们同学之间的话来说，就是让神社给我们舔屁股！一旦有人要拦截我们，教堂就成了我们的掩护所。直到拦截人走开后，我们才又叽叽喳喳像一群小鸟儿，飞回家去。

当年日本侵略者疯狂地推行奴化政策，可是他们永远扼杀不了中国人民的爱国心！

哈尔滨左翼文学作家孙鸿杰（1921～1997）比我年长 5 岁，后来改名为孙芋，我一向把他视为自己的兄长和师长。在敌伪统治下的哈尔滨，我毕业后没有工作，由于生活的驱使，不得不进入社会谋生。孙芋是我走进那个错综复杂的社会时认识的第一人。这是命运的安排，也是我生来的幸运。那时，我初次离开家门，毫无社会经验。孙芋大概发现我过于幼稚和无知，便主动接近我、关怀我，在冰冷无情的社会里给了我一丝温暖。后来我知道，在这之前不久，他因秘密传阅进步书籍，和哈市一批向往革命的青年被敌伪关进牢房，此事被称为"哈尔滨左翼文学事件"。我们相识时，他仍然处于警宪的监视下。

对文学艺术的共同爱好，使我们渐渐熟悉起来，记得那是一个大雪纷飞的黄昏，他第一次走进我的家门。有人来看望我，我感到一股暖流注入我孤寂的生活。孙芋跟我拉家常，谈到自己的家境、文盲的妻子、家庭的负担、个人的爱好，我也不由得倾诉了自己胸中的块垒。他离开我家时，天色已黑，我送他走了很远的路，又谈了很久的话。回家的路上，我似乎仍然能听到他那亲切的话语。

在那黑夜茫茫的年代，我忘不了他对我的关怀。我们几位爱好文艺的青年有时也聚在一起，在昏暗的灯光下长夜漫谈。那时，他不仅能让我们了解一些世界名著，而且还让我们知道了一些抗日的作家。每次分手前，在大家的要求下，孙芋总会拿出他心爱的曼陀林，为我们弹奏一些世界名曲，还作些解释，让我们听懂抽象的音乐语言，同时享受高雅曲调的熏陶。曼陀林是拨奏弦鸣乐器，是与琉特琴类似并与其有密切关系的弦乐器。他有时也会弹奏自己谱写的忧伤的曲子。

1942 年冬，我跟着小脚的母亲远赴香坊东门外的香坊监狱去看望二哥。经过严格盘查，我们进入会见室，见到分别两年的二哥。他更消瘦了，但眼睛里却闪动着坚毅的目光。妈妈隔桌拉着二哥的手，泪水扑簌簌地滚落下来却哽咽得说不出话来。

译 · 画 · 编

最初踏上翻译和编辑之路

我最初翻译的一篇屠格涅夫的散文诗《曾是多么美多么鲜的一些玫瑰》发表于 1943 年，那一年，我 17 岁。屠格涅夫是 19 世纪俄国批判现实主义作家、诗人和剧作家，被称为"现实主义艺术大师"。我被他的作品所折服，后来，又喜欢上了屠格涅夫的散文诗。他的散文诗是他整个生命和艺术的总结，融汇了他一生创作的特点：爱国主义、民主精神、悲观情绪、真诚、善良；敏锐、抒情、哲理、简洁。散文诗既是他人格的写照，又是他艺术的结晶；既是他思想情感的履历表，又是他全部创作的大纲。在我眼里，他的每首诗都是一幅美丽的画。

1943 年 5 月末，一个清风摇曳的晚上，我读屠格涅夫散文诗神往不已，内心冲动，竟然失眠，一骨碌爬起来，把心中的俄语诗行演变成中文的诗句，译完之时，天快亮了。我兴奋得难以自禁，摇醒了熟睡的三哥，说："这是屠格涅夫的诗啊！是我翻译的！"三哥对照原诗看了我的译诗后，也很激动，像是不认识了我似的望着我，轻轻地说："四弟，你翻译得太好了……"他建议我给报社投稿。于是，我给自己起了第一个笔名"雪客"。因为我

为屠格涅夫画的肖像

出生在初冬，喜欢大雪飞扬的日子，所以把自己想象成雪中来客。我投稿的《大北新报》最初由日本人创办，后因经营不善，1936年被中共地下党金剑啸、姜椿芳等接手，成为东北作家萧军、萧红、罗烽、白朗、舒群、骆宾基、端木蕻良、梁山丁等活跃的阵地。

译稿寄去了大约一周后——1943年6月27日在《大北新报》第三版发表了。我带着报纸跑回家，向妈妈报告，妈妈不识字，惊喜地用手抚摸着那张报纸……

1945年8月15日，天皇宣告日本投降；8月19日，苏军进驻哈尔滨。

1945年11月中旬，东北抗日联军第三路军总指挥李兆麟联合哈尔滨知名人士谢雨琴、张廷阁等共同筹建中苏友好协会。

1945年12月初，我要去中苏友好协会工作，"第四个儿子也要飞走了"，妈妈叹气了。望着逐渐苍老的妈妈，我郑重地说："妈，您就放心吧，我会陪您的！"

对我去中苏友好协会上班，邻居们意见不一，有人认为我找了份好工作，有人认为国民党才是正统，干吗去这种地方呢。

李兆麟会长对于宣传舆论工作极为重视。他带领330人进驻哈尔滨，成立了"抗联驻哈尔滨办事处"后，就与从苏联伏龙芝军事学院学习归来的刘亚楼（1946年出任东北民主联军参谋长）和苏军接收了原伪满"哈尔滨中央放送局"，成立了由进步青年播音员赵乃禾主持的哈尔滨电台。12 月 12 日，他主持创办了中苏友协机关报《北光日报》，每天 4 开 4 版。社长是民主人士马英林，副社长李江、总编辑丁健生及庄启东、曾扬清、周玉兰等是从延安来东北的共产党员。李兆麟为创刊号题词："为中苏友好团结而斗争！"

我年轻，腿脚勤快，在中苏友协打过杂，管理过图书，当过翻译。那时，工作不分你我，大家都争着干，也无所谓上下班制度，办公室也是寝室。翻译、写作、绘画、编刊物、布置会场、画广告、管理图书……只要工作需要，我就高高兴兴地去做。

报纸初创时，急需俄语翻译和编辑，组织上根据我的俄语水平，安排我到《北光日报》做编辑和翻译工作。当时的地点是地段街 2 号，就是今天《黑龙江日报》的老楼。我在报社做翻译的同时，还与孙芋共同编辑《美术》双周刊，周二出版。双周刊刊发画家论述西洋画和东洋画异同的论文，介绍苏联绘画艺术和解放区美术创作的短文等。

那时，我翻译了《列宁吃墨水瓶的故事》《列宁的纪念像》《俄罗斯水兵》等短文。我还根据哈尔滨的时政新闻，创作了一些漫画——有挖苦国民党接收大员来到哈尔滨后，大肆把敌伪资产据为己有丑行的《官运亨通》；有讽刺奇装异服的《漫画一题》，署名是"小四"，在读者中产生了一定影响。可是，有人告诉我，我画的漫画里有错字。这使我意识到自己汉语功底太差，需要发奋补习中文。

1945年11月19日，苏联红军根据与国民党政府签订的《中苏友好同盟条约》，通知中共中央东北局，将把中长路（即原中东铁路）沿线及城市移交国民党政府，要求共产党东北人民自治军撤离大城市。为顾全大局，争取和平，陈云率中共中央东北局北满分局、松江省委、松江军区撤至哈尔滨以东宾县一带。根据党的决定，李兆麟12月26日辞去苏军军官时期松江省政府副省长一职，并发表《辞职感谈》，提出和平统一，制止内战，惩办汉奸，肃清土匪，改善人民生活等主张。

国民党接收大员在变为国民党军的原"关东军直属满人驻新京守卫部队"（即铁石兵团）的护卫下，来到哈尔滨，抢夺抗战胜利成果。接收大员大唱高调，蒙骗了许多老百姓。李兆麟针对国民党接收大员"五子登科"（即大捞金子、房子、票子、车子、女子）的丑行，接连组织召开哈尔滨青年、妇女、教师、职员、文艺工作者、新闻人士、工商业主等座谈会，发动各界群众通过合法途径，向国民党松江省、哈尔滨市当局提出肃奸清匪、改善民生、和平民主等要求。中苏友协还组织了哈尔滨青年自学会、哈尔滨音乐促进会、哈尔滨文艺工作者协会等组织。李兆麟针对青年知识分子的思想弱点，强调加强理论学习，向工农兵学习，改造身上的小资产阶级思想作风。我那时也抓紧学习，不断审视自己，要求自己，规范自己，提高自己。李兆麟还做了许许多多关心群众，解决群众疾苦的实事、好事，让我看到了一个真正的共产党员的高大形象。当我把听到的李兆麟的故事讲给我妈妈听时，妈妈说："这样大的官儿对咱老百姓这样的好，咱们就得跟着人家好好干！"

谁能料到，1946 年 3 月 9 日，李兆麟在道里水道街（今兆麟街）9 号被国民党特务极其残忍地杀害了！3 月 12 日，《北光日报》以头版大号字刊出题为《人民公敌中国法西斯特务分子的残暴罪行》的通栏标题，刊登李兆麟遗像和哈尔滨市中苏友好协会的沉痛通知。噩耗传出，70 万哈尔滨市民难以接受，悲愤交加。

那天下班后听收音机，播音员满含深情地诉说着李兆麟生前的种种模范事迹，内心无比悲痛。民族英雄李兆麟忍饥挨饿，爬冰卧雪，不屈不挠地与日寇斗争了 14 年，他没有死在抗联的沙场上，却死在罪大恶极的国民党特务的枪口下，天理难容！我眼前浮现出李兆麟那不屈的头颅，闪亮的明眸，处处为老百姓谋利益的善行义举。22 日从灵堂归来，我铺开宣纸，在强烈的悲愤之中，饱蘸水墨，一气呵成，画出了我心中的李兆麟将军的头像。24 日一早，李兆麟的灵柩移出灵堂，我画的头像安放在悬有"民族魂"横匾的灵车上。汽笛悲鸣，灵车启动，十几万哈尔滨市民自发前来送行，把哈尔滨中苏友协所在的柳树街以及地段街、水道街围得水泄不通，这是哈尔滨人民群众对法西斯罪行的悲愤抗议！这是民心民意的强烈表达！

在《苏联介绍》杂志社工作的日子

《北光日报》从1945年12月12日创刊，到1946年4月30日停刊，共出报123期。停刊后大部分人员并入从沈阳迁到哈尔滨的《东北日报》。因为我会俄语，被组织安排到正在筹办的《苏联介绍》杂志社做翻译、编辑工作。负责人是哈尔滨左翼文化活动家姜椿芳推荐的个子不高、戴一副黑框眼镜的王式斌。

《苏联介绍》是月刊，由哈尔滨特别市中苏友协1947年5月1日创办，是当时全国第一家全面介绍苏联情况的期刊，由李国钧、金人、罗烽、孙耕野、唐景阳组成编辑委员会，由兆麟书店出版发行。最初每期印刷1000册，后来增加到5000册。1949年初，《苏联介绍》改为东北行政区中苏友协的机关刊物，迁到沈阳出刊，1951年7月停刊。

我根据苏联女雕刻家穆希娜的作品设计了杂志封面。出版后，受到广大读者的好评，还收到许多热情洋溢的读者表扬信。我们编辑部的人不多，但每个人都是多面手，从延安来的任飞、傅克俄文水平较高，老翻译温沛钧在哈尔滨翻译界有一定的声望。

我在杂志社既是翻译，又是文字编辑，还是美术编辑。在此期间，我翻译了西蒙诺夫的《苏联文学的节日》、查果夫斯基的《英雄城列宁格勒》、特列古勃的《关于保尔·柯察金》、尤金的《论苏联喜剧》，编译了苏联著名作家法捷耶夫、吉洪诺夫、毕尔文采夫等的短文，写作了《斯大林奖金》。同时，我还翻译了苏联党和国家领导人讲话，苏联报刊社论等。其中，我翻译的《美妙的小提琴》引起了读者的关注，新中国成立初期，《人民日报》予以转载，而后又被收入中学生课本。

这一时期，我还设计了一些封面，画了一些插图，包括抗联著名将领冯仲云的《东北抗日联军十四年苦斗简史》，东北作家群里重要作家白朗的《老夫妻》《沦陷前后》《忆故乡》，金人翻译的《静静的顿河》等。

1946 年 11 月 25 日，东北作家群的领军人物萧军从延安回到阔别 13 年的哈尔滨，在东北局的资助下筹建了鲁迅文化出版社，创办了《文化报》，他自任社长兼编辑部负责人。鲁迅文化出版社仅有 2 名编辑，急需临时的文字和美术编辑。1947 年初，我在一位姓高的朋友引荐下，来到道里新城大街（今尚志大街）5 号鲁迅文化出版社，第一次见到个子不高，但体格健壮的萧军。萧军比我大 19 岁，他用欣喜的眼光瞧着我，并拉我坐在沙发上。他拿出烟斗，装上烟丝，慢慢抽起来。在聊天中，萧军说："以后还请你帮助我们出版社做些工作。"

回家后，我根据萧军的照片和见面的印象为萧军的连载小说《第三代》画了一幅头戴无檐帽的头像插图。

那时候，鲁迅文化出版社出版的许多书籍，包括萧军著名的代表作《八月的乡村》、萧红的代表作《生死场》等都是邀我设计的封面。

苏联红军进驻哈尔滨后，带进来的俄罗斯、苏联歌曲风靡一时。这些歌曲有的高亢激昂，威武雄壮；有的抒情婉转，表达内心；还有的来自民间，风趣幽默，很受进步青年喜欢，许多歌曲不胫而走，广泛传唱。李兆麟把市内爱好音乐的青年组织起来，成立了哈尔滨市音乐普及研究会，当时的进步青年以音乐为重要武器，宣传革命道理，曾多次组织歌咏活动，演唱从延安带来的《黄河大合唱》等革命歌曲和反映东北人民抗日斗争的《流亡三部曲》《露营之歌》等，使哈尔滨市民耳目一新，这些进步歌曲在人民群众中产生了广泛的影响。

我那时也参与了翻译俄罗斯、苏联歌曲的工作，翻译过高弗涅拉作曲、米海依果夫作词的《冲啊，战斗的青年！》，坡里塞里茨作词、阿库连柯作曲的《光荣的十月》，古谢夫作词、赫列尼柯夫作曲的《北方有座可爱的城》等几十首歌词，有的发表在哈尔滨的报纸上，有的发表在《苏联介绍》杂志的封三上，有的直接交给从延安来的刘炽、瞿维等作曲家，由他们配乐后，再交给合唱团演唱。

刚开始，我不懂歌词的翻译方法，只是随意地翻译。向作曲家交译稿时，作曲家常常皱起眉头，告诉我歌词不能随意翻译，否则很难配曲。在他们的指导下，我才明白了翻译歌词必须把每行歌词分成音节，并按音节译出原文。还必须把译文中的重音安排在原来重音词的音节上，否则，词与曲要表达的感情就不一致了。这都是因为小时候我学习的是俄语、英语、日语，而对自己的母语没有用心钻研、古诗词学习不多造成的。在作曲家的指导帮助下，有的歌曲经过配乐之后，曾流传一时。

我当时与作曲家刘炽交往频繁，无话不谈。刘炽比我大5岁，我常常听他讲自己的故事，包括苦难的童年，在延安少年时的生活，音乐家冼星海对他的关怀和帮助等。刘炽少小师从民间艺人，很早就显露才气了。音乐、舞蹈、乐器，他无所不通，样样在行。所以，他后来创作出《我的祖国》《新疆好》《翻身道情》《让我们荡起双桨》等脍炙人口、经久不衰的歌曲，成为新中国受群众喜爱的大音乐家。

在哈尔滨，我们多次合作，当时最受欢迎的是苏尔科夫作词、勃朗太尔作曲的《斯大林颂》。那首大合唱雄浑激越，震撼人心。刘炽对那首歌的译配也很满意，亲自指挥过大合唱。当时那种热烈的场面，我现在似乎还能感受到。

几十年后，我们都在北京，而且住得不远，我们在一起谈几十年的变迁，谈艺术发展的道路，谈苏联文学与艺术的经验与教训。他经过风吹雨打，像山西那棵老槐树一样没有被雷雨霹倒，反而显得更葱郁、更苍劲了。

1948年4月，左联作家、创办《松江农民》报的周立波参加土改工作之后创作的长篇小说《暴风骤雨》（上卷）由东北书店在哈尔滨出版，反响强烈，风靡一时。5月15日，东北文艺工作委员会召开了"长篇小说《暴风骤雨》（上卷）座谈会"。

我阅读《暴风骤雨》感到，中苏两个国家面临着共同的任务——就是要以新的思想、观念、精神，克服一切困难，建设新的国家。可以说，周立波的《暴风骤雨》对我后来从事翻译工作起到了促进、激励作用。

1949 年 9 月 28 日，出席庆祝世界拥护和平大会中国分会和全国中苏友协成立大会的苏联文化工作者代表团一行 43 人来到哈尔滨，苏联著名作家法捷耶夫、西蒙诺夫是该代表团的负责人。中国国际主义诗人萧三特地从北京赶到哈尔滨专程迎接贵宾。我作为工作人员之一，按上级部署，参与了哈尔滨中苏友协的接待工作，第一次见到了心仪和熟悉的苏联文学名家。

这年初冬，我把翻译的苏联作家冈察尔的短篇小说《永不掉队》译稿交给了在沈阳的《东北画报》。小说发表后，在读者中产生了极大反响，因而多年被收入高中学生的语文课本之中。

哈尔滨美术协会和结识的各位画家

1944 年，李立民陪伴他的未婚妻穆东乔从日本来到哈尔滨。哈尔滨是东乔的故乡。东乔学医，立民从艺，一位是腼腆的北方女子，一位是嗜酒的奔放的南方青年。李立民有个笔名"黑沙骆"，后来又取名"骆公"。

李立民来到哈市那一年 27 岁，在上海已经举行过个人画展，又在日本深造过。这时，他正潜心把西洋现代派油画和中国传统国画结合起来，在油画布上勾勒着线条，涂抹调得极稀的油彩。他是第一个把现代派油画带给哈市观众的中国人。那年秋天，他在道里区一家日本大商店楼下的展厅里举办了个人画展，招牌上赫然写着："中华民国画家李立民"，这在当时的哈尔滨不能不算是有些胆量的，已经很招引人了，展厅中的作品更令人瞠目结舌，观众议论纷纷，李立民喜形于色，这种反响效果正是他所期盼的。

李立民的出现，以及他关于世界美术潮流的议论，对我们土生土长的爱好美术的人很有启发，给沉闷的空间注入了一股新鲜的气流，打开了一扇窗子。我正是从他口中最初听到关于抽象派、野兽派的提法，听到马蒂斯、毕加索、鲁奥等画家的名字。当他回忆自己如何得到日本现代派绘画大师野口弥太郎和猪熊弦一郎的提携时，更是口若悬河。他对写实的、表现下层人民生活的俄罗斯绘画十分鄙视，对俄罗斯巡回画派的艺术观点颇多挖苦与讽刺。

那时，我18岁，各方面都很幼稚，又没有理论基础，易于为各种新鲜主张所左右。我和李立民经常见面，观赏他作画，在他的鼓动下，我也跟他一起画过写生。记得我们一起爬到楼房的顶层，隔窗描绘坐落在绿荫丛中的城市风光。他对我讲授现代意识应当如何反映外景，如何使用色彩，如何注意构图与线条。我努力按他的说法作画，模仿现代派的手法画俄罗斯教堂、街道，学习用浓艳的色调画肖像。可惜，画过一段时间以后，我还是留恋写实的手法和表现生活的题材。但李立民使我了解了西方现代绘画的基本观点。

我和李立民交往多年，关系很好，但我们的艺术观点截然不同，我没有说服他的本领。他坚持了自己的现代派风格，我保留了现实主义创作手法。

李立民本来是途经哈尔滨市的一位南方过客，但当时哈尔滨与外界隔绝，形势使他不得不暂留在这座北方城市。他决定在这里发展美术事业。于是邀集了几位美术工作者，经过一番努力，成立了美术协会，李立民任会长，赵佩瑶任干事长。协会选出8人组成的理事会，下设干事会、会务部、美术研究所、展览部和画厅。当时参加活动的有石揖、沈化民、孙鸿杰（后来写成独幕话剧剧本《妇女代表》的孙芋）、傅乃琳（后来在天津艺专任教授）、刘惠民（后来在《北方文学》杂志任美编的刘海）、王锦堂、王卓、刘志谦和我等。

国民党接收大员、市长杨卓庵是福建人，李立民与他同乡，他利用这层关系请市长批给美协一个活动场所，在道里中央大街上。那里原是个50平方米的花店，几面都是大玻璃窗户，地段繁华，来往行人很多，我们把花店改成了展览厅。

当时在展览厅举办过几次美展。1946年4月举行了"光复纪念展览会"，这是抗战胜利后哈尔滨的第一次画展，参展作品50多件。李立民展出的主要是城市风光画，记得还有一幅《绣国旗》表现了他对抗战胜利的喜悦。还有画面喜庆热烈的《红旗招展》，人马欢腾的《街景》。石揖的《枯木逢春》和韩景生的《老船夫》表现了在日本帝国主义铁蹄下东北人民的苦难生活。我展出的油画《一线光明》，画面是一道阳光透过铁窗，照耀在被囚禁的中国人身上，寓意中国人民的解放就要到来。我的另外两幅油画——《亡国奴》《三个被剥削者》，以东北人民被日本帝国主义蹂躏的历史为创作题材，从标题就可以知道我受的是俄罗斯巡回画派的影响。我们的画展受到哈尔滨市民的好评。

光复纪念画展之后，协会又举办了一次宣传画展览。参展作品有 20 多件，内容大部分是宣传解放后哈尔滨市政治、经济建设的。我创作了反映哈尔滨人民在民主的空气中自由幸福生活的水粉画，受到观展者的肯定。

延安的老同志来到哈尔滨以后，从事绘画的艺术家们曾参观过画展，还在《哈尔滨日报》上发表过评论文章。

延安来的老干部们和我们当地美术界人士举行过座谈会，就如何反映生活进行过很激烈的争论。当地美术家发言的主要是李立民与石揖，他们喜欢争论。当时我听不懂，只是呆呆地坐在角落里谛听。在那以后，我认识了从延安来的沃渣、王曼硕、施展、华君武、张仃、朱丹、刘迅等同志，还有和我年龄相差无几的赵域和陈兴华。他们对我的关怀使我逐渐走上了革命的道路。

不久以后，李立民离开了哈尔滨解放区，去了天津，从此天各一方，和他断了音信。

第一次见到从延安来的漫画家华君武是中共中央东北局从沈阳迁到哈尔滨那天，华君武随《东北日报》也一同搬到报社大楼。在一次美术展览会会后的座谈会上，我认识了华君武。

只见他面目清秀，举止儒雅，说话幽默风趣，脸上总是浮着微笑，身上穿着和战士一样的黄色军装。我作了自我介绍并表达了对华君武的敬意。我们自然而然地谈起了绘画，特别是漫画创作。我向他讨教漫画的创作经验，华君武介绍了在延安时期的漫画创作情况，谈了在读者中引起较大反响的《一只魔怪的脚》（1939 年）、《诱降》（1942 年）、《榜样》（1945 年）等几幅漫画，以及在创作中的感受。

可能我年龄小，又画油画，说话无所顾忌、没有遮掩，所以他对我产生了兴趣。他很关心我的成长，不仅平时多有教诲，而且还到我家看过我的画，跟我母亲聊天，了解我的情况，鼓励我进步。此后几十年，华君武渐渐把我妈视如家人，每次到我家，都要与我妈唠家常。我妈也喜欢这位没有架子的人，与他十分亲近。我妈百岁生日前，华君武送来一瓶精装的人参老酒。后来在庆贺百岁生日宴上，老妈喝着人参老酒，摸着我的手，想起了在哈尔滨第一次见到华君武的情景，深情地询问："华君武也老了吧？"

解放战争发展迅速，沈阳解放了，东北局的机关报《东北日报》也要搬回沈阳了。临别时，我深情地对华君武说："谢谢这一年您对我的教导！"说着，我的眼里也涌出了泪水。华君武安慰我说："我们的分别是暂时的。我只不过是先行一步，随着全国革命形势的迅猛发展，你也会离开哈尔滨的。你要有这样的思想准备！"还真让他言中了，几十年来，我一直感受到他作为前辈和长者的呵护，我心里是感激的。

翻译剧本《保尔·柯察金》及演出盛况

1947 年，我翻译的苏联作家班达连柯根据奥斯特洛夫斯基的名作《钢铁是怎样炼成的》改编的剧本《保尔·柯察金》，曾在全国各大城市上演。

当时，苏联对外文化协会赠送了一批图书，其中有剧本《保尔·柯察金》（打字稿）。那时，我还没有读过《钢铁是怎样炼成的》这部小说，所以一看到这个剧本，就像在我眼前出现了一个新人，和我们过去见过的人物形象太不同了。他是一个在争取生命、胜利的过程中坚持斗争的青年，不管自己要付出多大牺牲、承受多大的痛苦，他都在不断地克服、不断地向前，给我的印象特别特别深，我连续两天两夜没有好好睡觉，一口气将剧本读完，我被保尔的精神深深打动了，一种难以遏制的冲动催促我把它翻译出来了。保尔，与我过去知道的事情太不一样了。我是在日伪统治下受到的教育，所以对过去的革命历史很不了解。忽然出现这样一个人物，真的很震撼。我要让更多的中国人特别是年轻人，像保尔一样生活和工作。

之后不久，我遇到了从延安来的女作家草明。

1947 年，十月社会主义革命胜利 30 周年，中苏友协举办了一个苏联照片展览，解说词是我译的。草明很认真地看了展览，然后推心置腹地告诉我："你的汉语语言不纯，应多多学习。"她建议我认真阅读现代进步文学家们的作品，并努力锤炼自己的文字。草明的话使我震惊，我从没有想过自己语言不纯的问题，以为会汉语就可以了。后来，她还就此事给我写了一封信说："你的语言不规范，有的地方有'协和语'的味道。""协和语"就是日本人说中国话用日语语法排列中国汉语词句的语言表现。

　　草明是第一位指出我的文字缺少训练的人。我生长在敌伪统治下，受的是奴化教育，草明的话立刻使我意识到日寇对青年心灵甚至语言摧残之深。几十年来，草明的教导一直记在我心中。在翻译《保尔·柯察金》的那段时间，草明询问我的情况，我说正在翻译苏联剧本《保尔·柯察金》，她鼓励我一定要把这个剧本译好。

　　《钢铁是怎样炼成的》在中国有许多译本，最值得纪念的是第一个译本，从英文转译的，译者的名字叫梅益。

　　我翻译的剧本《保尔·柯察金》就是根据小说《钢铁是怎样炼成的》改编的，由兆麟书店印刷。1948 年，哈尔滨市教师联合会的文工团排演了这部话剧。这是《保尔·柯察金》首次搬上中国舞台。

　　演出人员都是从日本长期奴役下获得新生的青年男女，大家都怀着一种改造思想和建设美好生活的强烈愿望参加了演出。也许这些并非专业演员的演技还不够成熟，但热情可敬可佩。一连演出多日，观众欣喜若狂，因为他们在舞台上看到了一种新人。那年的演出成为哈尔滨市解放初期文化生活中的一件大事。在剧中扮演冬尼娅的是一个小学校代理校长孙杰，由于那次演出，我们相识相爱，后来她成为我的妻子。

　　1950 年，中国青年艺术剧院在新中国的首都北京以最优秀的演出阵容把《保尔·柯察金》呈现给广大观众。此剧连演多日，场场爆满。当时，《人民日报》《中苏友好》杂志及其他报刊纷纷发表文章，号召青年向保尔学习。

　　北京青年艺术剧院第一任院长廖承志撰文《演出〈保尔·柯察金〉的意义》，从苏联国立戏剧学院毕业归来的导演孙维世撰文《我与〈钢铁是怎样炼成的〉》，在剧中饰演保尔的著名演员金山撰文《保尔·柯察金》。保尔成为新中国成立初期青年人最崇敬的人物，学习保尔成为社会风气。

　　当时演出时还有过一段有趣的插曲。扮演保尔的演员金山因事去了天津，演出前他未能按时赶回北京。剧院负责人向观众说明情况，表示道歉，准备改日为这些观众再演专场。可是观众就是不肯散去，在剧场里一直等到金山回来，那时已快到午夜了。《保尔·柯察金》的演出具有如此强大的吸引力，可想人们对保尔笃爱之深。

　　后来，中国青年艺术剧院于 60 年代、80 年代和 90 年代三次将该剧搬上舞台。保尔成为我国社会主义革命与社会主义建设时期人们的光辉榜样。

　　1956 年，奥斯特洛夫斯基的夫人赖莎应邀来我国访问。她在全国各地为青年做过多次报告，受到欢迎的场面是用语言难以形容的。我当时为赖莎担任翻译工作。奥斯特洛夫斯基夫人朴实、诚恳、热情、平常，她像拉家常似的跟我们谈天说地，讲了很多有关奥斯特洛夫斯基的故事。她说："中国红军长征时，尼古拉（全名是尼古拉·阿列克谢耶维奇·奥斯特洛夫斯基）可关心形势的发展了。他听广播，还让我在墙上挂了一张中国地图，自己看不见，让我告诉他中国红军行进的路线……"

赖莎得知我译过剧本《保尔·柯察金》，而我的妻子又是最早参加该剧演出的人员之后，高兴地说："你一定把你妻子带来让我见一见……"1957年迎春晚会上，我和妻子一起去看望她。她拉着我们的手，观察了我们良久，然后戏谑地说："记住，我是你们的媒婆！"她送给我们一张照片，照片上奥斯特洛夫斯基躺在病床上，她关切地守护在他的身旁。在照片的背面她认认真真地写了一句话："祝你们像尼古拉微笑那么幸福。"

几十年过去了，中苏两国都经历了一场暴风骤雨。1987年我来到了莫斯科，专程到奥斯特洛夫斯基纪念馆去看望我们的"媒婆"。她那深棕色的头发已经变得银白，我们回忆了她访问中国时留下的美好印象，谈到了奥斯特洛夫斯基，谈到他的作品在中国翻译出版的情况。那天，我为她画了一张速写像，她在画像上签名时仍然冠以"媒婆"二字。

如今，我早已告别了青年时代，已年逾九旬。同龄的妻子双目失明，我护理她的时候，常常想到赖莎，想到她赠给我们的珍贵照片，还有照片上那句话——"像尼古拉微笑那么幸福"，想到奥斯特洛夫斯基这位意志比钢铁还坚强的人，我身上不由得会涌起一股热爱生活的暖流。

我第一次翻译剧本还是留有遗憾的。那时我的语言还不纯，有东北土话，有协和语，但不管怎样，《保尔·柯察金》的上演还是轰动了哈尔滨。

新中国成立后，这个剧本在全国都演过。在首都演出时，我发现观众席中有笑声。一问，原来是东北腔太重了。从那以后，我才知道翻译不是那么容易的事情。不是你用外文说，我用中文讲就可以了，一定要有文学修养。看起来很简单的一句话，将它由外文译成中文实际上是很难的一件事。从事翻译必须有爱心，有钻研精神，这样才能翻译得好。毕竟对于自己喜欢的作品，翻译起来很开心。

我与"冬妮娅"的爱情

剧本《保尔·柯察金》出版后，哈尔滨市小学教师业余联合文艺工作团准备排演。该团成立于1946年，是由经纬小学教导主任张铁安牵头、有成员30多人的文艺团体，排演过茅盾的五幕话剧《清明前后》，演出了20多场。

一天，中苏友协出版部长要我接待一下来请教问题的同志。我见面一看，这不就是经常参加友协活动的那位小学教师吗？但我不知道她姓甚名谁。她穿着一件棉大衣，脖子上围着一条灰色围巾，一双大眼睛正以探寻的目光注视着我。对方把阅读剧本中不解的问题一个个提了出来，我尽自己的所能作了解答，讲解时，我自己也陶醉在保尔的故事里，越说越兴奋，一点也没有注意到对方的心理变化。因为，那时候我正在暗恋一位女同事。这位女同事也懂俄语，我鼓励她大胆做文字翻译，双方相处得挺好。但是我从小胆子不大，每逢想表达心意时，就心跳加速，精神紧张得张不开口。直到那位女同事结婚时请我参加，我才恍然大悟，原来自己是剃头的挑子——一头热啊！

在我因失恋而痛苦之时，孙杰走进了我的情感世界。

在哈尔滨道里区电影院首次公演《保尔·柯察金》那天，我早早来到剧场，发现冬妮娅的父亲穿着的不是俄式皮大氅，而是一件中式棉大衣。我根据剧情向文工团的同志提出了这个问题。马上就要开演了，到哪儿去找皮大氅？大家一筹莫展。我说："我去想办法。"说完，我就到电影院门口盯着每一位进来的观众。就在第一遍铃声响后，我也万分着急之时，一位头戴水獭帽子，身穿水獭毛领皮大氅的观众使我眼前一亮。我马上向这位观众说明情况，那位先生挺仗义，一边脱衣，一边说："能为这出话剧的演出做点事儿，也是我三生有幸啊！"

我接过大氅，兴冲冲地跑到后台说："看，咱们有大氅了，还是俄罗斯式的！"

在演出成功的庆功会上，中苏友协负责人和剧团主要领导陈振球在敬酒时说："首先，我们要感谢这个剧本的翻译者小四！"我站起来时，大家愣住了，他们以为翻译者是位年长者，想不到还不到 22 岁。孙杰此时才知道她去中苏友协请教的原来是剧本的译者，可能从内心深处油然产生一种崇敬之情和爱慕之心。此后，我们俩接触多了，我对她的身世也有了更多的了解。

孙杰与我同岁，也是哈尔滨人。她父亲是破落的大家子弟，经济拮据，生活困难，后在交通银行做小职员。她母亲眼睛失明后，父亲脾气变坏，经常不回家，还打骂母亲。孙杰六七岁时，她父亲娶了二房，她和生母便受到鄙视。

母女相依为命，直到她中学毕业。

那还是敌伪统治的黑暗年代。中学毕业后，她只好独立谋生，她当过售货员。我记得她说过："那时，站在柜台后面，看到上了大学的或者有职业的同学走过来时，自己就会难为情地蹲下去，躲在柜台后边，不肯露面……"

1945 年 8 月 15 日，日本投降了。又过了一年，哈尔滨成立了民主政府。她便到民政科去找工作。当时准备在南岗区成立一所新的立民小学，民政科的人问她是否能够当教员，她立刻表示同意。新的生活给她带来了新的喜悦。创办立民小学她有一定功劳，后被调到马街学校分校当了代理校长。

她不再是一个窝窝囊囊受气的小女子，而是有庄严人格的女性了，她在工作中施展了自己的能力与才华。这时，哈市教师联合会成立了文工团，准备排演苏联话剧《保尔·柯察金》。爱好戏剧的她又被调去参加该剧的演出。她在剧中饰演冬妮娅，演出受到观众的欢迎，她的演艺才能得到施展。

1953 年，高莽与梳着大辫子的"冬妮娅"演员孙杰结婚照

新中国成立后，哈尔滨团市委一位负责人推荐她到北京报考中央戏剧学院。1949 年 11 月她来到了北京。中央戏剧学院的领导看了她的履历表，知道她在哈尔滨已经演过戏，还比较成功，便让她直接参加了中央戏剧学院的话剧团，后来又调到青年艺术剧院当演员。

1953 年，我随中苏友好协会代表团从苏联访问回国，在北京做总结期间，和孙杰在中苏友协总会小礼堂举行了简朴的婚礼。一年以后，我也调到了北京。

结识恩师戈宝权先生

我第一次见到著名外国文学研究家、翻译家戈宝权先生是在新中国成立前夕。那是 1949 年早春时节，有一天，领导通知我，说路过哈尔滨市的戈宝权同志想和当地的俄苏文学译者、研究者见见面，座谈座谈。那时，"戈宝权"在我的头脑中是位高不可攀的人物，他的译著是我学习的榜样，具有指导意义。当时，戈宝权先生肩负着即将成立的新中国的特殊使命，他被派往莫斯科担任新华社驻苏记者。新中国成立后，根据周恩来总理的任命，戈宝权先生作为新中国驻苏使馆的代表接收了国民党的驻苏使馆，并担任了新中国驻苏大使馆的临时代办和参赞。

按着指定的时间，我早早地来到了指定的地点。戈宝权先生准时到了。他的穿戴和广大革命干部不一样，大家穿的是黄色军装或蓝色干部服，而他身上是一套西装。他戴着一副近视镜，黑发梳理得非常整齐，脸上露着亲切的微笑。他谈话客客气气，只是浓重的苏北口音使我听起来有些费力。他问其他几位被邀请的人怎么还没有来，我回答不知道还有谁。他取出笔记本，念了几个人名。我茫然不知所措，我仔仔细细看了几遍，然后用颤颤悠悠的声音说："这些人都到了……那名单上写的都是我的笔名……"

我先后用过的笔名有：雪客、小四、肖儿、竹马、何马、何焉、野婴、野炬、乌兰汗、秀公、海子、谢桃等。戈先生开列名单时，以为是多位译者和研究者，其实他开出的那几个名字都是我的笔名。戈宝权大概感到意外，他没有想到翻译文学作品和撰写有关文章的竟是如此一个毛头小子，更没有想到，他列出的笔名会是我一个人的。

我不知道在这种情况下座谈会是否还能开得成。

在这么一位名人面前，我屏住呼吸，甚至连气也不敢大声喘了。

戈宝权先生笑了，思考了少许，最后说："就开一个两个人的座谈会吧！"

那年我 23 岁，很不成熟，与现在的 23 岁青年相比差太多了。他并没有因为出席座谈会的只有我一人而将发言删减省略，或应付几句了事。相反，他讲得津津有味儿，谈苏联文学现状、谈苏联作家、谈他与苏联文学界的交往，还谈了他自己怎样走上了研究俄苏文学的道路，如何进行诗歌翻译。他让我讲讲自己的情况，我记不得我都说了些什么。告别时，他可能听出我的语文水平不高，文化素质较低，便鼓励我要加强中俄文字修养与锻炼，要刻苦，要勤奋。

那是我第一次听人讲授俄苏文学课，讲授如何治学，讲授翻译的重要意义，而讲课人是大名鼎鼎的戈宝权先生。我觉得，他很了解对方的需要，他把我想知道的、我没有说清楚的和需要知道的事都告诉了我，还指出了我需要努力的方向。我暗自思忖，如果有朝一日能在这样的人身边工作该有多好呵！没有想到，几年后，我的希望竟变成了现实。

第二次见到戈先生，是 1953 年的夏天。我作为一名翻译，随中苏友好协会代表团前往苏联参观访问。火车经过 7 天 7 夜的奔驰，抵达了我向往多年的莫斯科。车站上聚集了很多迎接代表团的苏联人，他们手中捧着鲜花，脸上露着微笑。戈宝权先生也在他们中间，他是作为我国驻苏使馆的代表来欢迎中苏友协代表团的。在这种场合做翻译，我感到紧张。这已不是二人坐在桌前慢慢地用母语交谈，而是要在众目睽睽之下，当着他的面，做口头翻译，经受俄语的考验。戈先生居然还认识我，大概意识到我的不安，主动提醒我："要冷静，要沉着，要认真。"他看了看我，又加了一句："遇到疑难我会帮助你。"多么温暖的话语，多么亲切的关怀！我如释重负，信心倍增。从那时起，我愿意在他面前从事口译，不怕出丑，因为在工作中可以时时得到他的指导，他随时随地以长辈的体贴口吻，纠正我翻译中的失误或遗漏。他的态度、他的声调，增强了我工作的勇气与信心。

1954 年 2 月，戈宝权先生离任回国，调到中苏友好协会总会当领导，我则是他管辖下的对外联络部的一名工作人员。那时，我经常跟随他接待外宾。戈宝权先生知道我喜欢画画，喜欢画速写肖像，特别是文学界人士，所以，他有时会有意地给我留出一点时间来，让我满足自己的心愿。记得有一次还发生了一个小小的误会。那天，主客随便交谈，戈先生对我说："你画吧，我自己与他们随便聊聊。"戈先生的俄语讲得很地道，知识渊博、词汇丰富，只是发音带有江苏家乡的味道。戈先生突然意外地用俄文讲话，使习惯于听我翻译的苏联客人毫无准备，一时没有反应过来。苏联客人以为我只顾作画，不做翻

俄苏文学三代翻译家
左起曹靖华、戈宝权、高莽

译，便催促我。待我说明之后，他们顿时恍然大悟。

戈宝权先生是学者、是翻译家，他从事学术研究态度严谨，从不投机取巧，更不回避困难。每逢遇到疑难问题，他总是查遍各种书籍，反复向行家请教，想尽一切办法解决问题。戈先生又十分虚心，不耻下问，有时也找我们商量某字某句的译法，和我们一起探讨学问。有一天，我去看望先生，谈话间他顺手拿出几页纸递给我。我一看，愣住了。原来，他在《人民日报》上看到我发表的《〈阿Q正传〉在苏联》一文，认为有用，又不肯麻烦别人，便亲手抄录了全文。那时，我国还没有复印机。这事使我深为感动。

戈先生诲人不倦。我喜欢向他请教，他从不拒绝。有时，为了帮助我，他不惜停下手头的工作，拿出很多时间与精力为我写出很长的解释文字来。这使我感到过意不去，也使我渐渐不敢去过多地打扰他，占用他的宝贵时间。

在"文化大革命"的年代，我们在河南信阳"五七"干校度过了一段时间。当时，戈先生担任外文所的投递员，我在伙食班当管理员。有时，我们会利用假日到附近的小树林里或开阔的野外去散步。此时，我又有机会聆听先生如痴如醉地谈文学、谈翻译，甚至谈做人的道理。记得他说："人在任何时候都要胸怀希望，不应气馁，更不能绝望。"他的话使我想起他在"文化大革命"期间受审查的情景。每次对他批斗之后，他很快就会恢复常态——乐观地又带一点儿傻气地搞他的学问。那时，在小树林里，我为他画了一幅小小的油画像，成为逆境时的纪念。

粉碎"四人帮"以后，戈宝权先生焕发了青春。他要补上被强占的、没能从事学术研究的 10 年时光。他写作，他翻译，他出席各种会议，应邀到各地去做报告、讲学，又多次到国外进行学术访问。

1992 年年底，戈宝权从美国回来，下飞机便直接住进了医院。我急急赶到医院去看望，先生一动不动地躺在病床上，床头悬着输液的玻璃瓶，腰部插着排泄的导管。

我望着这位师长，心头阵阵酸痛。他可清醒？可认识来者？可听得见我的声音，我讲的话？

"你说吧，他能听见！……只是他说不出声来。"戈宝权的夫人梁培兰轻轻地告诉我。

戈先生的两只眼睛眯缝着，我知道，有一只已失明多年，另一只视力很弱，是常年劳累的结果。当年他头发乌黑油亮，如今已染上了白霜。他的皮肤颜色本来较深，现在在一片白色的病房中，显得更黝黑了。他的脸抽搐了一下，眼皮动了动，手指头尖微微弯曲了几次。我立即弓下身去，凑到他的嘴边，只见他轻轻地蠕动嘴唇，却听不到声音。他大概是在跟我打招呼，也许是在表示什么。

我坐在他的身边，追忆在戈先生领导下工作的经历，一晃已经 40 多年了。在这 40 多年里，我的工作有过几次调动，但都和他在一起。在工作方面，他一直是我的领导；在学术方面，他一直是我的老师。

戈宝权先生是我国介绍、翻译俄苏文学的杰出学者。他接过了鲁迅、瞿秋白、茅盾、曹靖华等老一辈的接力棒，奋力地往前奔跑。在学术领域，他拓宽了研究文化交流的范围，写了不少文章，集成厚厚一本，以《中俄文学交流因缘》为书名问世，其资料之翔实、之丰富，是前无古人的。

戈先生的学术活动加深、扩大了与俄苏作家的友谊与交流，很多苏联老作家都认识他，他也悉心保存了他们寄给他的信件、赠书、题词等。在"文化大革命"期间，他一封信也没有销毁，一本书也没有扔掉，他相信历史是公正的。几年前，他把自己的藏书捐赠给南京图书馆，成立了"戈宝权藏书室"，并捐款3万元，设立戈宝权文学奖金。半个多世纪苦心积累的文化财富，如今变成大家可以享用的宝贵资料，显示了他博大无私的胸怀。我感到幸运的是我为他画的一幅肖像也挂在"戈宝权藏书室"内。

戈先生80诞辰之日，我又来到了他的病床前。好像是春天回到了他的身边，他笑着接过鲜花，与我攀谈。他的声音低微，吐字尚且含糊，但从他那红润的面颊上，知道他已经摆脱险境。他又开始关心别人，嘘寒问暖，鼓励晚辈。他盼望自己早日出院，重回书房工作，他不能不工作，他还有许多理想等着去实现！戈宝权先生是一位不知疲倦的学者。

2000年5月15日，戈宝权不幸逝世，消息传来，我悲痛地说："我万分痛心，因为我的成长与他分不开，他的为人、他的译著都是我学习的榜样。"

在东北中苏友协的日子

1948 年春天，沈阳解放了。哈尔滨作为解放区不断派出一些人员到沈阳成立革命组织与团体。随着辽沈战役结束和整个东北的解放，沈阳成了东北行政大区的政治、经济、文化中心。

1949 年秋，我和哈尔滨中苏友好协会的部分工作人员在李俊夫副会长的率领下，告别哈尔滨，去了沈阳。

哈尔滨像母亲一样养育了我，我在哈尔滨获得了最早的革命知识，理解了人生的道理，看到了光明的前景。

在哈尔滨，在友协工作期间，我运用了学校里掌握的俄语并在实践中得到锻炼。

在哈尔滨，我接触了从延安来的文艺工作者，在他们的影响下，从本能到自觉地开始从事文学翻译、绘画与写作。

我更忘不掉在哈尔滨中苏友好协会大门口，临街的路上亲手栽的小白杨树。记得有一年从国外回来路过哈尔滨市时，我专程去看望我的小白杨。没想到它已长得很高很高，树干和我的腰围相等。后来，听说那一排杨树被砍掉了，我还为此流过泪。

沈阳与哈尔滨大不一样，它没有那种国际文化情调，但有重要的工业意义。

东北中苏友协刚刚创立时，工作又多又杂。当时调拨给我们一栋小楼连同一个大院。一年后，又给我们换到另一个地方，还让我们盖了一栋"友好楼"，专门从事友好活动。

沈阳有一批苏联专家。东北友协经常组织各种社会活动，特别是经常招待苏联专家，如新年晚会、春节晚会、五一节、十月革命节等等，每次活动都有东北党政领导出席、讲话。他们同时兼任东北友协的领导职务，每次讲话都由友协的人员进行翻译。我那时是翻译科长，工作多，担子重，能力有限，常为此事苦恼。

东北友协由秘书长主持日常工作。秘书长叫李俊夫，是从苏联回来的老同志。他的爱人周芳也是从苏联回来的，她担任办公室主任。他们有三个可爱的孩子，都不太会讲汉语，而俄语讲得流利自如。

李俊夫同志操着浓重的湖北腔，皮肤黝黑，和蔼慈祥，但身体多病虚弱，有胃病，常常用拳头顶着肚子，耳又背，常常用手兜着耳朵听别人讲话。他工作勤勤恳恳，任劳任怨，一人承担着新建东北友协的艰巨工作。他有时和我们拉家常，通过聊天，我们知道，他1926年参加革命，1927年加入中国共产党，同年9月被党派往苏联莫斯科中国共产主义大学学习。1940年7月，当时的共产国际中共代表任弼时同志派李俊夫到苏联无线电委员会工作，担任对华广播的翻译兼播音员，由此，一个英勇的中国人，在伟大的苏联卫国战争期间，与苏联人民一起参加了著名的"莫斯科保卫战"，勇敢地抗击了德国法西斯的野蛮进攻，立下了不朽的功绩。我与李俊夫同志拉家常，常常听得我心驰神往，感觉到他才是我们最合格的领导。

有一天，李俊夫带着一位少女来到我们的大办公室，向我们介绍，说给我们送来一位新同事，她是从苏联回来的，将在我们杂志编辑部工作，帮助我们选材、解答问题等等。总之，凡是与苏联、与俄文有关的问题，她都会帮助我们解决。

少女身材苗条，充满阳光，年龄与我们相仿。她瞪着一双亮晶晶的眼睛望着大家，脸上露出亲切的微笑。她主动地作了自我介绍："我叫飞飞。"好怪的名字呀！她讲的中文带有洋气，但她没有任何掩饰，落落大方，立刻给人一种亲切感。

飞飞很快就和大家打成一片了，给我们这个单位带来一股蓬勃的朝气。她不仅工作埋头苦干，从不叫苦，而且组织我们这批青年锻炼身体，开展各项活动。每天早晨，她来到我们集体宿舍，挨个敲门，让大家起床，到户外跑步、做操。她还组织业余唱歌、打球、游泳。在她身上，我们看到了社会主义青年朝气蓬勃的精神面貌。

几十年过去了，我们才得知她本姓欧阳名菲，是烈士遗孤，自幼在党的关怀培养下接受社会主义教育和共产主义教育，热爱祖国、热爱人民、热爱共产党，具有坚定的共产主义信念。

这位可尊可敬可爱的同志在"文化大革命"期间，受到林彪、"四人帮"的残酷迫害，被拘留审查达7年之久，身心健康受到了极大的摧残。1993年1月飞飞逝世，2月8日在八宝山革命公墓举行了遗体告别仪式。

我望着她躺在灵柩里的遗容，往事在心中翻腾，热泪不禁滚滚涌出。

李俊夫同志离开东北中苏友好协会之后，曾任中共中央东北局宣传部翻译处处长、东北行政委员会对外文化联络处处长等职。他的工作一向积极认真，但在"文化大革命"期间受到林彪、"四人帮"的残酷迫害，1969 年 11 月 13 日逝世，终年 66 岁。

又过了 10 年，到了 1979 年春，才在沈阳，为这位默默工作的老干部、对保卫莫斯科有功的中国人举行了隆重的追悼会。

因四幅漫画，我第一次挨批判

1949 年新中国成立前夕，作为当时我国最大的解放区城市，哈尔滨开展了一场轰轰烈烈的反对浪费运动。党报上发表了社论和报道，揭发了大量惊人的浪费现象。

当时，我刚刚参加新民主主义青年团（共产主义青年团前身），哈市青年团《学习报》一位编辑向我约稿，我怀着浓厚的兴趣画了七幅有关反对浪费的漫画。漫画很快就见报了，不过不是七幅而是四幅：一幅是材料浪费，一幅是资金浪费，一幅是意外损失，还有一幅是时间的浪费。其他未予发表的三幅内容，有一幅是产品质量低劣造成的浪费，另两幅已记不得了。总之，这几幅漫画的内容都是采自报刊上的揭发材料。

四幅漫画刊出后，我听到一些朋友甚至读者的夸奖，心里美滋滋的。可是，过了不久，向我约稿的编辑又气急败坏地找上门来，让我检讨。因为有人投书市委，认为这几幅漫画"有严重的立场上的错误"，作者应当"严格检讨自己的思想动机和立场"等等。这是我参加工作后热情正高时忽然挨的当头一棒——第一次受批判。

事情的经过是这样的：有一位名叫方生的同志给《学习报》写了一封信，指责我画的反对浪费的四幅漫画，全文如下。

编辑同志：

关于《学习报》44 期第 4 版高莽同志的漫画《浪费》（，）我有下面的意见：

（一）这幅漫画，和东北日报《克服工业中严重的浪费现象》《保护人民祖国的财产》不相符合。而是以讥笑敌视的态度在工人、群众、干部中间，造成不满和不团结的气氛。我们有的同志因刚从农村转到城市，还未完全学会工业管理，不善于计算成本，不懂得科学分工，或者某些个别同志开始腐化，用钱修花园不修工厂（，）但应该认识到这是个别严重现象，我们应该警惕，并以此来教育团员和广大青年群众，同时更应该认识到我们绝大部分同志还是保持过去艰苦、朴素、认真负责的态度。这幅漫画从标题、说明到画，作者并不是帮助同志认识错误（、）改正缺点的态度，而是对敌人的讥讽，所以我认为这幅漫画有严重的立场上的错误。

（二）我想请作者严格检讨自己的思想动机和立场。毛主席早在 1942 年的延安文艺座谈会上就提出："是歌颂呢？还是暴露呢"的问题，以及对敌人、朋友、同盟者、人民群众、同志的态度和立场问题。

（三）编辑同志对这样明显错误的漫画，竟把它刊载在我们的团报上，希望你们检查这个错误的原因。

此致

敬礼

方生

9 月 10 日

（信中括号里的标点符号是本书编者所加）

《学习报》编辑找我谈话，明确地告诉我，是市委宣传部长让我检讨的，因为部长当时没有看过这几幅漫画就发表了，责任在编辑部。他同时让《学习报》编辑部也检讨。

《学习报》编者的检讨

我们完全接受方生同志的意见，正如作者高莽自己检讨的那样，这幅漫画，是以讽刺敌人的态度讽刺了自己，而且夸大了缺点，这是立场上的错误。

为什么我们把它发表了呢？这是因为我们政治水平较差，对毛主席在延安文艺座谈会上的讲话中指出的写作的态度问题，在思想上认识不足，当时只认为是配合当前节约运动中的中心任务，对浪费现象应该进行不调和的斗争，这是对的。但却用了对敌人的讽刺态度，不是善意的批评，觉得是不好就应该打击、讽刺，而没有慎重地考虑到这是一个根本立场问题。

这反映了在思想上是无原则的自由主义，在工作上是不够负责的。

这次方生同志的意见对我们有很大帮助，希望本报读者多关心报纸，及时提出意见。

我当时的检讨如下：

检讨自己的漫画——作者的检讨

高莽

9月1日的《学习报》上发表了我的漫画《浪费》，这是有毛病的东西，方生同志及时地提出严重的批评，在我经过几番检讨后，认定这幅漫画对人民是有害的，是由于严重的思想错误而产生的。为了减轻对读者的毒害，我愿把自我的检讨写出来，以纠正不良的影响，并在此对给我指出错误的方生同志表示衷心的感激。

我为什么画了这几幅东西呢？应不应该画呢？

现在得的结论：不应该画！而我竟能画出来，这就充分说明我失掉了立场。我为什么能画出它呢？原因就是没有分清敌、友、我。《保护人民祖国的财产》文件中说明："……为了制止破坏，以便恢复和发展生产，建设国家经济，便必须：在工人、职员和经济管理人员中，经常地进行关于重视和爱护国家财产的教育，使大家认识爱护国家财产是每个人的神圣职责。在工厂企业内部开展反对浪费和破坏国家财产的思想斗争，坚决地打击那种对于国家财产漠不关心的错误态度……"我错误地认识了这个问题，光进行了打击，而忘了主要的——教育，我像对付敌人一样地对付了自己人。结果是乱用讽刺，犯了严重的立场上的错误。

毛主席教导我们："人民也有缺点的，无产阶级中还有很多人保留着小资产阶级的思想，农民与小资产阶级都有落后的思想，这些就是他们在斗争中的负担，我们应该长期地耐心地教育他们，帮助他们摆脱其背上的包袱，使他们能够大踏步前进。他们在斗争中已经改造或正在改造自己，我们的文艺应该描写他们的改造过程，即不应该只看到片面就去错误说笑他们，甚至敌视他们，我们所写的东西，应该是使他们团结，使他们进步，使他们同心同德，向前奋斗，去掉落后东西，发扬革命的东西，而决不是相反。"而我恰恰作了相反的，我没有在画面上表扬我们许多优秀的作风，以这些爱护国家财产好的例子来做教育，而只是单纯地暴露某些落后的思想和作风，这是不全面的，也就不能正确地来说明问题和起教育的作用，这就是违背毛泽东思想！

我们应该暴露敌人！哪些敌人呢？现在我认为是：

帝国主义，官僚资本主义和封建主义，而绝不是别人！我应该向他们开火。而我没有这样做，没有看见真正的敌人！

其次，关于人物形象问题。我把自己人丑化了，这也是因为失掉了立场，没有分清敌我，另外，则受了些形式主义的影响。为了要表现一个官僚主义作风的领导者，便采取了对付官僚资本家的形象，为了要表现许多因一两个人不来而使别人白白浪费宝贵时间的工作人员，便画成毫无精神的蠢样，这等于做事只凭动机，不问效果，等于一个医生只顾开药方，病人吃死了他是不管的，这一点，也说明对毛主席告诉我们的"必须顾及效果"这一重要问题缺少了解。

最后一个问题。就是：对自己的作品不负责任的态度。自己画了，也感到内容有些不对头，而自己不愿深刻研究，推给编辑，认为上级一定会看一下，如果有毛病就不会刊登了。这是一种自由主义的充分表现。

今后，我决心改正缺点和错误，学习毛泽东思想，坚定自己的立场。当然，立场不会马上就坚定的，将来还可能犯错误，出毛病，失掉立场，但我深信，我们的青年团，我们的共产党以及广大读者会时时刻刻给我以教育，给我以帮助。

我衷心感激帮助我解决思想问题的全体同志。

1949 年 9 月 26 日

现在重读近 60 年前的这篇检讨，很难说是由衷的或真诚的。我当时得到的教训是：以后少画讽刺画，少惹事就得了。

受到批评几天以后，新中国成立了。有一位李意同志竟把我的四幅漫画和批评信以及《学习报》编者和我的检讨，都寄给了在首都北京创刊不久的全国文艺界最权威的刊物《文艺报》。

这封信引起了《文艺报》领导的极大重视。他们在《文艺报》1950 年第 1 卷第 8 期《编辑部的话》中写道：

我们收到李意同志的来信和他所附寄来的全部关于哈尔滨《学习报》上四幅漫画问题的材料，觉得很高兴。我们认为：虽然李意同志的来信中，在态度和观点方面，很多地方是值得讨论研究的（如"浪费是危害人民群众的黑暗势力"这种说法），但李意同志大胆提出问题，并且热切地要求解决问题的精神，这是很好的。我们非常欢迎这种精神。

编辑部收到这部分材料以后，就仔细研究了这一问题，并且几次邀集了漫画工作和批评工作的部分同志，如蔡若虹、华君武、王朝闻、萧殷等，大家来讨论、分析、研究，最后并请华君武和蔡若虹两位同志执笔写了文章。我们想努力满足李意同志和关心这类问题的人要求解决问题的愿望。同时，为了使大家了解这一问题，特发表这一问题的全部材料。

发表的这两篇文章，我们并不是作为结论来处理的，但他们是经过了讨论和研究，提出了自己的意见。这些意见，我们认为是比较地有分析的精神，也是从具体出发来讨论这一问题的，可以供关心这一问题的同志参考。

李意同志提供了材料，其实也提供了一个展开文艺批评的好的方式。我们知道，目前在文艺工作和文艺作品方面，存在着一些问题。这些问题，或是发生在一个局部的地区里，或是发生在一个具体的工作上，或是发生在一件个别作品中，很多是有一定的普遍性，是有讨论价值的，但是由于往往不能很好提出，有时提出来却又缺乏材料，使问题不能展开，因而也不能走向解决。这一次这个四幅漫画问题的提出，我们希望是一个很好的开始。我们愿意尽最大的努力，把《文艺报》作为文艺工作者和广大读者联系的刊物，来提倡研究问题与展开批评的风气。

接着，《文艺报》上发表了华君武的《对四幅漫画的意见》和蔡若虹的《从〈就从画说画〉说起》两篇长文。

我当时已从哈尔滨调到沈阳工作，东北中苏友好协会的顶头上司一看是中央一级的报刊点了我的名，而且批评文章中又说作者"未能实事求是地来针对这些缺点深刻检讨"，故三令五申地让我再检讨。检讨自己的资产阶级出身，检讨自己受过的外国教会学校的教育，检讨思想根源与立场，检讨……在以后的政治中也没少因这四幅漫画作检讨。

几十年过去了，历史掀开了新的一页。

"文化大革命"后，我在一本刊物上读到陈辽同志的一篇有关探讨新中国成立初期我国文艺批判的文章。他把我的四幅漫画作为一个专题进行了论述，认为那次批判"是完全批错了的"。文中有一句话，我记得清清楚楚："可见批错了一篇、一部、一幅作品，其社会效果之坏，要比我们通常估计的严重得多！"的确，在那次"批评"以后，谁还敢"讽刺"？

我虽然挨了华君武和蔡若虹两位漫画界前辈的批评，但我们的关系一直很好。我在他们接待外宾时曾当过翻译，甚至随同他们一起出国访问。

1998 年 3 月，华老为我和妻子画了一幅漫画，画的是两只互相关爱的老虎（我们夫妻二人都属虎），充满那么浓的情，那么厚的爱。

2000 年 9 月 20 日，华君武在《讽刺与幽默》画刊上发表了一篇文章《高莽老友》。他在文章中提到："高莽初画漫画，但被我写了批评文章，扼杀于摇篮里……"又说："毛泽东虽在1942 年延安文艺座谈会上讲了讽刺是永远需要的，但要区别敌友我，不要滥用，但漫画作者尚无创作实践成功的经验，长期又存在着'左比右好'的思想状态，这些都使得在漫画上初出茅庐的高莽遭到迎头痛击，告别漫画。"

有一天，我和华老（他比我年长 11 岁）聊天，提起几十年前挨他批的事。他歉意地说："我的批评也许扼杀了一个漫画家……"我感激地表示："你的批评也许挽救了一条人命……"倘若没有那次批评，我显然会沿着那条路走下去，甚至会翘起尾巴，不知天高地厚，凭借自己的一点小聪明，讽刺这个，嘲笑那个，说不定在哪一场政治运动中变成革命对象，成为"反党分子"或"反党集团的成员"或"右派"或……唉，不可想象。

从 1950 年起，我就夹起尾巴做人，只美化，不丑化，在历次政治运动中虽然没少挨整，但不太厉害，真是所谓"万幸"，我在以后的历次政治运动中没有再成为革命的对象。

我所上的"大学"

1954 年，我被吸收为中国作家协会会员，这对我是鼓舞也是鞭策。这一年，我翻译出版的作品有：苏联作家 C. 乌尔贡的诗剧《太阳出来了》，纳胡茨里什维里的剧本《领袖的少年时代》，阿·卡哈尔的三幕喜剧《丝绣花巾》等。这一年，我画的油画《母亲》在北京市第一次青年美术展览会上获得二等奖，据主办者说，一等奖空缺，二等奖就是最高奖项。

同年，我从沈阳东北中苏友好协会调到北京中苏友好协会总会对外联络部工作。那时，我的父母、我的爱人都已经在北京了。50 年代，中苏友好事业正处于鼎盛时期，中苏关系密切，两国人民互访频繁。总会会址在正义路一座树木葱葱的大院里，虽然楼房较旧，房间大且阴暗，但却是个有历史意义的地方，在这里接待过很多苏联客人。

1954 年春，我在中苏友好协会总会对外联络部担任口译。作为译员，随中苏友协总会秘书长钱俊瑞率领的中苏友协参观团赴苏联进行了为期近两个月的访问。参观团先后访问了莫斯科、列宁格勒、斯大林格勒、罗斯托夫，拉脱维亚首都里加，吉尔吉斯斯坦首都伏龙芝，哈萨克斯坦首都阿拉木图及辛比尔斯克等地。

5 月，我作为译员随中苏友好协会代表团访问苏联，出席莫斯科"五一"观礼。代表团先后访问了列宁格勒、斯大林格勒和亚美尼亚首都埃里温。其间，我随团中代表戈宝权、唐弢

高莽为周恩来总理做翻译

专访了苏联作家协会中国文学委员会，并到地方作协与各地作家座谈，苏联的中国文学研究者们介绍了他们翻译出版的中国古典文学作品和现代作家作品。

12月，我作为译员随以周扬为团长的中国作家代表团赴莫斯科出席全苏第二届作家代表大会。团员有丁玲和老舍，他们与苏联作家伊·爱伦堡、法捷耶夫交谈时，我为他们作口译。法捷耶夫说："我青年时代的一部作品（指《毁灭》），能为鲁迅所赏识，并亲自把它译成汉文，这是我终生莫大的荣幸。"

口译是一种崇高的职业，是沟通两国关系的一种桥梁。它本身需要译者具备丰富的知识、大量的词汇、良好的记忆力、转换时的敏感，等等。我在这些方面都有缺陷。

由于少年时代接触的汉文语言不纯，历史又被篡改阉割，道德理念异化，我心灵所承受的摧残是难以形容的。走进社会，开始从事翻译工作，本身带有很多没有解决的问题，同时对某些问题的看法也没有明确观点。譬如，我曾对口译有过困惑，不愿当翻译，因为敌伪时期，"翻译"为日本鬼子服务，臭名昭著。是戈宝权先生给我解开了这个疙瘩。1949年他去苏联路经哈尔滨，邀请从事俄文文学翻译的人开个会。那时，他针对我的困惑推心置腹地讲了一段话。他说：关键是译什么和为什么人而译。话很简单，但令我顿悟。从那以后，我明白了翻译的意义，义无反顾地踏上了这条不平坦的路。

口译太难了，失败的教训让我一生难忘。

有一次，中苏两国作家相聚，在餐桌上，一位俄罗斯女诗人敬酒，激动地讲了一席话，然后用俄文朗诵了一首中国古诗。敬酒辞，我翻译了出来，可是那首诗怎么也译不成，只译了个大概意思，大家还是不知所云，我感到无地自容。

还有一次，我国代表团出访苏联，两位科学家对话时，主人讲了一段话，我不懂，问了两遍，还是没弄懂，我只好按大意译了。我方代表表示怀疑："不可能吧？"我只好承认自己在这个领域一窍不通。

又有一次是给周恩来总理当翻译。席间谈到双方办刊物事项，总理说对方用汉文办的刊物的读者对象，可以有懂俄文的专业人员、大学教授、文化工作者、大学生和职员。我译时，把职员漏掉了。总理立刻意识到，说："你译错了！"我愣住了。当时苏方有多位著名汉学家在场，他们也一怔。总理说："我提了五种人，可是你译时说了四种，显然落掉一种读者。"总理真英明，我怎么那么不细心！

我没有读过大学，可是我参加工作后，在从事口译时，上过一种特殊的"大学"。它没有教室，没有课本，教授不固定，但它不仅给予了我各种知识，还教会我如何做人。

中苏友协总会第一任会长是刘少奇，第二任是宋庆龄，副会长中有吴玉章等很多德高望重的国家领导人与社会知名人士。会长或副会长接见苏联文化与友好代表团时，有时派我去做口译。我来自地方，学历不高，经验有限，心里很紧张，生怕翻译中出纰漏。好在老资格翻译家副秘书长戈宝权常常在场，他为我壮了胆。

那时，领导友协具体工作的秘书长是钱俊瑞，他同时是文化部的副部长；负责日常工作的副秘书长有廖经天、戈宝权、李霁吾，后来是李希庚等人。

在这段时间里，我作为一名译员，几乎年年随中苏友协总会派出的代表团出访。我有幸接触了各地不少从事中苏友好事业的领导干部、生产战线上的劳模、战斗英雄和文化艺术界的知名人士。这些人的一言一行、一举一动，都给我留下了深刻的印象，使我如同在大学聆听教授们讲课。

作家有茅盾、巴金、老舍、周扬、丁玲、冰心、曹靖华、赵树理、柯仲平、严文井、季羡林、杨沫……

画家有江丰、蔡若虹、华君武、王朝闻、王式廓、艾中信、亚明、朱丹、邹雅……

戏剧界有阳翰笙、田汉、梅兰芳、黄佐临、赵寻、李和曾、陈伯华、陈书舫……

音乐家有吕骥、马思聪、盛家伦、王昆……

茅公喜欢谈心，与外国友人交流时，如遇到不同看法，他总是用平和的口气说服对方，使对方毫无难堪的感受。

巴老爱和普通老百姓打招呼，谈话随随便便，对方完全不知道这是一位大作家。

老舍幽默。有一年冬天在莫斯科开会，从旅馆到会场路途不远，然而街道积雪，行路不便。老舍先生写了一首打油诗，最后几个字是"满街爬"。老舍把诗交给我，其实是让我拿给陪同人员看。陪同人员是汉学家，而且译过老舍先生的小说。

他看了一会儿，明白了，高兴地笑了一阵。第二天就有车接送我们了。

梅兰芳的和蔼、阳翰笙的细心、田汉的豪放……在各个方面都有所流露。

周扬的严肃、曹靖华的认真、赵树理的朴实、季羡林的博学，都让人肃然起敬。

给这些杰出的文学界代表人物担任翻译，对于我这个没有受过高等教育的人来说，是最好的学校，难得的学习机会。他们渊博的知识、丰富的经历、高尚的道德、朴实的作风，以及对我国传统文化的阐述和个人的见解，都在充实我、改造我、教育我。我把他们视为自己的师长，暗暗地学习他们的作风。

1958年10月，中国作家代表团参加塔什干亚非作家会议

团长茅盾（第一排左七）、副团长周扬（第一排左六）、副团长巴金（第一排左八）、肖三（第一排左二）、刘白羽（第一排左三）、许广平（第一排左五）、冰心（第一排左九）、杨沫（第一排左十）、郭小川（第二排左二）、戈宝权（第二排左三）、季羡林（第二排左四）、曲波（第二排左七）、赵树理（第二排左八）、叶君健（第二排左十）、高莽（后排右一）、杨朔（后排左五）、袁水波（后排左六）等。

我在为他们做翻译，同时，我也在学习。除了担任口头翻译的人，谁能有这种机会，这种幸运？

在同一时期，我又参加了接待苏联对外文化与友好协会派来的各种代表团。苏联的各界代表人物，他们崇高的国际主义和爱国主义精神，他们高超的专业知识，同样对我富有教育意义。所以，值得回忆的往事太多了！

我忘不了《钢铁是怎样炼成的》的作者奥斯特洛夫斯基的夫人赖莎和苏联英雄卓娅和舒拉的母亲科斯莫杰米扬斯卡娅在我国访问的情景。她们在北京大学、中央戏剧学院、中山公园剧场等很多地方为青年们作过报告。她们一上台，全场一片掌声。她们一开口，全场万籁俱寂。她们用真挚的语言，讲述真实的故事，是那么打动人心。我这个翻译从讲台上看到了听众的泪花，有时甚至控制不住自己的感情，话语哽在喉咙里，久久发不出声来。

我也忘不了《真正的人》的作者波列沃依和老诗人吉洪诺夫。

波列沃依是来中国出席鲁迅先生逝世 20 周年纪念活动的。我那次陪同他和他的同伴在中国游览了很多地方，到过武汉、上海、广州等地，访问过不少人，比如王震、钱学森等。最使我感动的是波列沃依的勤奋。每天，不管参观采访多么紧张，晚上他都会伏在灯下做详细的笔记，直到深夜。同时，他把自己的旅行随笔寄回国，交给杂志发表。当他完成访问之后不久，厚厚的一部《中国之行三万里》便问世了。

　　吉洪诺夫是老一辈诗人。他满面红光，一头银发，说话铿锵有力，我永远忘不了他激情的朗诵和讲话。有一次在武汉大学，他热情地歌颂新中国和新一代学子，然后朗诵了他在中国写的一首诗《中国人》。大学生们报以热情的欢呼，长时间的鼓掌，我甚至感到大礼堂的地板都在颤动。他的诗句深深地刻在我的心中。

　　我也忘不了画家奥·韦列伊斯基。他是版画家，也是插图画家。他为列·托尔斯泰的《战争与和平》、肖洛霍夫的《静静的顿河》创作的插图，博得很高的声誉。但他为人极朴实，从不炫耀自己。

　　回想少年时是那么不想当翻译，而这时已深深爱上了这一行，因为翻译成了我进修的"大学"，而且我的教授又是这样一批了不起的人！

　　为了能够胜任翻译工作，我天天早起，在院子里朗读俄文作品，练习口语，阅读书报，吸取新的知识、掌握新的词汇。那时骑车、走路都带上一些背记的单词。随着认识的提高，我越来越感到自己水平太低，知识不够，真是"书到用时方恨少"。

　　随着对翻译工作的喜爱，在生活中，我甚至产生了一种条件反射，听别人讲话，脑子里便同时进行翻译；碰到不知道的名词，总是记下来，回家查字典，或向别人请教。

　　那时，我作了很多单词记录，除了政治术语外，还了解了在我国游览时常见的各种花草树木的名称。很多学名对于听者来说是吃力的，而如能译成生活常用的说法则会让人感到亲切。那时，年轻、精力旺，但也没少下功夫。我知道知识无穷，学海无涯；我也知道勤能补拙，笨鸟必须先飞。

有人问我，什么样的口译才是最好的翻译，我说："双方在交谈时，进行得顺畅自如，又感觉不到译员的存在，就是最好的口译。"我把这种现象称为"无我"。当然，这只是我个人的经验，每个从事口译的人都会有不同的感受、看法和评价。

我在中苏友好协会总会担任翻译期间，等于上了一次"大学"。这个大学没有校园、没有教室，如果中苏友谊顺利发展，我的"大学"课程永远不会上完。

然而，中苏两国关系发生了变化，友协的工作也在全国大形势下进行了调整，我被调到《世界文学》杂志做编辑工作。这是我参加工作以来的第二个职业，也是工作性质的一次转折——文学刊物编辑与外国文学研究。为此，我必须把精力转向文字工作和研究工作。

新的工作岗位——《世界文学》杂志社

风云变幻，十几年的功夫，中苏关系由亲密无间，转向冷漠，甚至意识形态的对立。

1962 年，我被调离原单位，走上了新的岗位——《世界文学》杂志社编辑部，当了苏联组的一个小编辑。

《世界文学》（原名《译文》）是新中国成立后创办年代最早、历史最久的一份专门介绍外国文学的杂志。创办它，是为了继承鲁迅先生 30 年代编辑出版《译文》、介绍外国文学优秀成果的传统。1953 年创刊时，它是中国作家协会的刊物（月刊）。从 1964 年 10 月起，它划归新成立的外国文学研究所领导（改为双月刊）。

直到"文化大革命"前，《世界文学》是我国唯一的一份外国文学刊物。"十年动乱"期间，它被迫停刊。1978 年 10 月正式复刊。

30 多年来，《世界文学》介绍了全世界绝大多数国家和地区的文学作品。它扩大了我国读者的眼界，丰富了人民的文化精神生活，向文学工作者、教学工作者提供了借鉴与教学材料，也增进了中国文学界与外国文学界的了解与友谊。

创刊时的主编由鲁迅创办老《译文》的战友、中国作家协会主席茅盾兼任，可见国家对这个刊物的重视。茅盾在《译文》的《发刊词》中曾提出：在国内新形势下，我们在文学方面需要多方面的借鉴，不但需要学习社会主义现实主义的优秀文学作品，也需要熟悉外国古典文学和今天资本主义国家的以及殖民地半殖民地的革命的进步文学。胡乔木同志也曾来信，希望《译文》不要随波逐流，而要领导潮流。从《译文》到今天的《世界文学》，它有了很大的发展，在翻译和介绍外国文学作品时，始终保持了严肃认真的作风。

初创阶段的《译文》，注意引导读者欣赏世界文学名著。

当时选登的主要是外国古典和现当代有定评的作品。在介绍世界文学名家上，刊物起过显著的作用。苏联和其他社会主义国家的作品在当时版面上占有较大比重。

20世纪50年代末60年代初，该刊向读者介绍了为数不少的我国读者不熟悉的外国作家，其中有些人在本国也是初露头角的新作者。苏联的艾特马托夫、雷特海乌、格拉宁，日本的井上靖、大江健三郎、开高健、野间宏、霜多正次，瑞士的迪伦马特，塞内加尔的狄奥普、乌斯曼，古巴的冈萨雷斯、罗德里格斯，意大利的皮兰德娄、斯特拉蒂，美国的福克纳等人，几乎都是通过《世界文学》来到中国读者面前的。

50年代后期，我国读者与文艺界不满足于仅仅阅读翻译文学，他们要求中国作者根据自己的观点对外国文学加以评论。从1959年起，《译文》改名为《世界文学》，每期增加中国作者撰写的文章，这促进了我国的外国文学研究、评论工作。

外国文学介绍在极左的思潮影响下，一度走过一段弯路。最初是以苏联评论的观点来看待世界文学。到了批判"苏修"时，又把苏联的作品几乎统统打入冷宫。到了60年代初，《世界文学》介绍的外国现代文学作品面已很窄了，几乎只剩下朝鲜、越南和阿尔巴尼亚等少数几个国家了。

"文化大革命"开始后，《世界文学》杂志被停刊，编辑人员全部下放到"五七"干校。从1966年到1976年，这10年间，中国大地上很少听到外国文学的声音了。

"黑色十年"中的善与恶、冷与暖

我不愿意回忆那十年。

1966～1976年，那是黑色的十年。"文化大革命"后期，在"五七"干校的一次会上，我讲出凝聚在心里的这段话，受到外文所"连队政委"的训斥。他慷慨激昂地说："你必须记住这场史无前例的伟大的文化大革命！必须牢牢地记住！它使你暴露无遗！……"等等。他的话没有错，我也认为自己已"暴露无遗"，可是我就是不愿意回忆它。

不知为什么，我们这位非常革命的无产阶级革命派的"连队政委"在"文化大革命"之后竟然离开了他无限热爱的伟大祖国，漂洋过海到他天天痛骂的美帝国主义的土地上去了。

我不愿意回忆那十年，因为在那十年当中我见到了太多的黑色事件，黑色人物，黑色心肠……我见到的不只是外界的，也包括我内心的，见不得人的东西。多少人为了个人利益而出卖良心，出卖自己的好友；多少过去多情地自命是"学生"的人，当时却无情地揭露老师的"罪行"；多少人忍受不了人身污辱而选择了自杀，这是一种无可奈何的抗拒，也许他们保持了良心的纯洁。当然，也有因其他原因而撒手人寰的，不能一概而论。

那时候，讲真话得不到信任，讲假话反而成了"真实"。上上下下都在斗心眼儿，整人或挨整。

回想起来，"文化大革命"中大部分群众对我还算客气：

追查我的历史，问我是不是"苏修特务"，问我与周扬的黑关系……

当年，本是正当的工作，却被嗅觉灵敏的人视为"里通外国"；本是一些鸡毛蒜皮的小事，甚至是无关紧要的玩笑，也被看成是"阴谋""罪行"。

我大哥通晓日语和德语等几种外语，在中国科学院长春光学精密机械与物理研究所当处长，与外国人打过交道，就硬被说是"国际间谍"，被严刑拷打致死。我三哥长期从事公安工作，在"砸烂公检法"的年代被关进死囚牢房，囚室如同小小的笼子，既不能直腰站立，又不能伸腿躺平。造反派硬说他自愿戴着花岗岩头脑去见上帝，因为他缄口不讲不能交代的"罪行"。

我的"问题"更多了。外调者隔三岔五找上门来，要我揭发交代一些与"苏修分子"交谈中的"阴谋"。我长年担任口译，接触的人很多，谁有本事记住自己接触过的每一个人、译过的每一句话？！更何况我不认为那些人是"反革命分子"。

我也被关进"牛棚"，和有各种各样"问题"的人在一间空屋子里。我很荣幸，竟然和冯至、戈宝权、李健吾这样的大学者们生活了一段时间。

在"牛棚"里受审查的人，把祖宗三代、个人历史剥得光光裸裸，如同在洗澡堂里，身上不留一丝一线，更没有任何遮羞布。在"牛棚"里，我对人有了进一步的认识。老实巴交的戈宝权，曾一度被军宣队指定为"牛棚"负责人。有一天，管理"牛棚"的军宣队代表下令每个受审查的人，每天要交出两万字的罪行书。大家想求情，但军宣队代表说："必须执行。"
军宣队代表走后，戈宝权皱着眉头说了一句心里话："谁有那么
多罪行可以交代呀？！两万字——抄一天抄也抄不完……"这
句话被一个人告了密。军宣队代表大为光火，他气汹汹地走进
"牛棚"，劈头盖脸大骂戈宝权"反军"。好大的帽子！戈宝权
的事还没有查清，又多了一个罪名"反军"。军代表命令我们
对戈宝权进行彻底的批判。告密的人首先批判了一顿，其他人
都不吭声。最后，大家转弯抹角地表示：一天写两万字体力上
也办不到。为了让这位军代表能够不难堪，老先生们又给他留
了个台阶，说：我们尽力去写。

从那天起，大家都不理那位告密先生。他感到孤独，总是一
个人低着头，躲在一个角落里读毛选。显然，他变得更紧张了。

几天以后，告密先生在学习时，诵读了毛泽东的一篇文章，
不知怎么把"共产党"读成了"国民党"。这可成了大家攻击
的把柄，特别是李健吾，对他进行了一场真正的口伐，总算给
大家出了一口气。

让我哭笑不得的是逼我彻底交代我如何布置有关人员逃离
大陆、投奔"自由世界"的"秘密指令"。外调的军宣队同样不
讲道理，不实事求是，谎言越大越信以为真。我刚到《世界文
学》编辑部时，有位女同事，她是南方人，长得娇小玲珑，戴
着一副大眼镜，外号叫"小鸟"。我们共事的时间很短，后来
她调到南方去了。同事们给她写信问候，我也凑热闹。我写的
不是信，而是画的"信"。我按写信的格式，画了一只只飞翔

的小鸟儿，这纯属开玩笑。"文化大革命"期间，这封信不知怎么就落到军宣队手中了。军宣队的人不远万里来调查。两个人把我带到一间小屋子里，气势很凶，拍桌子、瞪眼睛，让我老实交代我是怎样下达命令，让"小鸟"离开内地去香港的（"文化大革命"期间"小鸟"好像是提出要去香港探亲）。

我说那封信不是信，是开玩笑，没有任何内容。外调人员高声大骂：受令者已"彻底坦白"了，你为什么还死不认账？我怎么解释也无用。审问了我大半天，外调的人一无所得，只好表示暂告一段落，说："你别指望侥幸，我们回头还来找你。"那几天，我真是吃不下，睡不好，我既无法编造他们所需要的内容，又无法使他们相信我的真话。

这类事又何止一起？各种"罪行"串起来，十恶不赦，死有余辜，有口说不清，说清也无人信。那时，"四人帮"的爪牙相信的是谎言，真话却成了诡辩。面对着一张张冷冰冰的没有人性的面孔，我感到世界之可怕，生活之可悲，不如一死了之。

妻子轻轻地劝我："不能死，活下去。我们在一起生活多年，我认为你是好人。"就这么一句普普通通的话，加上妈妈和女儿的体贴，我又尝到了人间的温暖，增强了活下去的信心。

我自叹不如妻子坚强。妻子孙杰在对外文化联络委员会从事国际文化交流方面的工作，她参与筹办全国话剧会演，接待外宾，随团出访……忙得不亦乐乎。她知道，外事工作烦琐，但责任重大，马虎不得，于是尽心尽力，里里外外做得滴水不漏。谁知"文化大革命"中造反派竟把工作认真也说成是罪过，还给她扣上"秘书一霸"的帽子，并无中生有地说她家是大财主，在哈尔滨有"孙家一条街"的房产。孙杰没想到自己兢兢业业、全身心投入工作竟招来这些攻击和侮辱，实在感到委屈和气愤，然而她冷静地想一想，自己几十年来勤勤恳恳工作，老老实实做人，无愧于党和人民，相信事情总会弄清楚的，也就处之坦然了。

我更自叹不如我母亲性格坚韧，她从不向困难低头。日寇统治下的伪满时期，我二哥因"反满抗日罪"，被定为"国事犯"，判刑 15 年。父亲因受牵连也被关了起来。我母亲虽是瘦弱的小脚女人，却以无比的刚毅挺了过来。"文化大革命"中，她的几个儿子都挨了整。大哥被折磨致死后，大嫂写信告诉我噩耗。当时也在受审查的我，不敢让母亲知道真相。可母亲察言观色，已经意识到发生了不幸事件，猜出小儿子没有把来信的内容全读出来。于是，她悄悄把信收了起来，有人来看望时，求来人读给她听。她什么都明白了，只是嘴上不说。一次，我说："我大哥身体很好，很忙，不能来看望您。"母亲说："不用骗我了，我都知道……"她经受了种种打击，没有倒下，作为家中的顶梁柱，一直支撑着这个家。看来，女人比男人更能经受生活的风暴。我父亲只活了 64 岁，而我母亲是 102 岁……

可怜的知识分子啊，在逆境中需要的东西是那么少——信任、理解和一句暖心窝儿的话，足矣！然后，他又会像老黄牛似的默默拉犁耕地，忘记鞭抽棍打的疼痛……

"文化大革命"扭曲了我的人性、我的灵魂。后来，准备解放一批"走资派"，批一个解放一个。那时，大家已学会对付这场荒唐运动的办法，批判时，尽量上纲，但要无据可查，表情要严肃，声音要气愤。批判我们编辑部主任邹荻帆时，我就采取了这种方法。批判会开完以后，邹荻帆和我在厕所相遇，他高兴地说："你批得有水平！"从那时起，我们成了知己、要好的朋友。

从批判我的发言中，我同样感受到好友的真情。金志平就是这么一位要好的朋友。他平常不声不响，不爱说话，可是批判时，人人必须发言表态。他发言时声嘶力竭，不熟悉的人会以为他恨不得一口把我咬死。可是我从他成功的表演中感受到了珍贵的友谊。

这也是一次考验吧！但我不希望人间再有类似的运动，伤人太多了，代价太大了。

几十年的人生旅途，在各种政治运动中跌跌撞撞、磕磕碰碰，留下遍体鳞伤。如今抚伤回顾往事，面对更为凄惨的可悲者，我深知他们的灾难和不幸，觉得自己只不过是擦破了一层皮，已无痛感。但是，"文化大革命"留下的伤痕，不知何故，竟久久不封口。

难以忘怀的"五七"道路

1969 年，林彪发出《一号通令》，人们纷纷离开城市，搬到农村去落户。

　　我的妻子当时在对外文委工作。她首先接到下放的命令，于是，把家中箱子、柜子都打了包，搬走了，把户口也转走了。她下放的地点是河南信阳明港镇。

　　女儿随我妻子一起走了。后来，16岁的女儿又转到内蒙古生产建设兵团去养猪放羊。家中剩下我和老母。

　　1970年7月，我所在的中国科学院哲学社会科学部（后来改名为中国社会科学院）外国文学研究所也奉命去"五七干校"，地点是河南罗山，离妻子的干校有一段路程。我带着自己的行李离开了北京。家里只留下70多岁的老母亲一人。好在那时她身体还硬朗，与邻里关系融洽，家中的事尽由街坊帮助照顾。

　　一家四口人，分散到四个地方，完整的家被拆散了。

　　到了罗山，过了一个多月，我们又搬到息县东岳，分住在农民家里。从小型的农活慢慢转向大田劳动，脱坯、盖房子。

　　我们外文所那时也按部队编制改成"连"。立场坚定的无产阶级革命派被指定为连长或政治指导员。大家每天分组学习毛选，或听军宣队的报告。

　　法国文学老专家李健吾先生被分配去养猪。他对什么事情都非常热心，对养猪也极其认真负责。他回过一趟北京，带回来的都是怎样养猪的书。他常常守着昏暗的油灯，细细地研究养猪的学问。

　　我想，当年他研究福楼拜就是这个样子。那时，他二十几岁，留学法国，完成一部博得读者极高评价的专著。如今，到了古稀之年，改行养猪，有何想法？有一天，他得到噩耗，说他的女婿和外孙女沉船身亡。他很想回家去探望，但得不到上级批准。我看到老人偷偷地伤心落泪，可是又帮不上忙，心里非常难受。领导为何如此不通人情？！

在我们下放人员当中，翻译大家杨绛老太太是妇女中年龄最大的一位。她做事总是悄悄无声，她被分配在菜园班，看守菜地。虽然她尽职尽责，但眼看着我们的菜园被偷，她也毫无办法，一位软弱妇人怎能对付得了粗壮有力的农村小伙子或农妇？但她把自己的亲身经历都记在心里了。她观察事物细致，从干校回京后，她献出一本《干校六记》，使读者第一次看到了知识分子在农村劳动改造时的情景与面貌。她写了一些小事，涉及的却是大问题，写得幽默又辛辣。

那时，大学者钱锺书先生每天从文学所的驻地到公社取报取信，路过我们的菜园，就顺便看望杨绛。假日里，二人并肩散步。只有他们这对恩恩爱爱的夫妇不顾当时的条件与环境，敢于在众目睽睽下，赫然显示亲密的人际关系。

我在干校当过采购员和炊事班长。当采购员期间到集上去买菜，我不仅学会了讨价还价，还能担箩筐、推小车等。在炊事班里，每天要早起点炉烧水、做饭、蒸馒头、炒菜等等。

有一天，我与妻子约好，假日在息县集市上相会。她自下放干校以来，头发多了一层白霜，穿的衣服带有补丁，完全没有了接待外宾时的风采。

我们好久没有见面了。我们在集市上高高兴兴地过了一天，还在一家小饭馆吃了一顿水煎包子。到了傍晚，我们依依不舍地分了手，她回自己的干校，我回自己的营房。

过了一天，军宣队负责人找我谈话。他一脸严肃，让我坐下，观察了我半晌，然后厉声地让我交代这几天都有什么不轨行为。我丈二和尚摸不到头脑。他审问了我半天，我还是不知所云。最后，他才揭开谜底，"你昨天到什么地方去了？跟什么人去接头？鬼鬼祟祟谈了些什么事？坦白从宽！抗拒从严"！他把手往桌上一拍。

我先没有想到他问的是我和妻子见面的事，只想前一天在集市上还见过什么人。到后来，才弄清军宣队认为我和一个化了妆的老太婆有什么见不得人的秘密活动……啊！天啊！让我怎么解释呢？

我没有想到，在假日，在休息时，还有人在暗中盯梢。也许是哪个人偶然遇上了，起了疑心，提高了警惕，报告给军宣队了，也许……

1971 年早春，我们搬到明港一个旧营房，集中学习，开会抓神乎其神的"五一六"分子，男男女女三四十人挤住在一间大屋子里。营地有个大操场，是用作全院开会的，也演过几场电影。会没有少开，军宣队负责人一次又一次作各种各样的报告，今天学习这个指示，明天学习那个决定。

我们营房的侧壁是张贴大字报的地方。大字报随着运动的进展经常更换，用各种彩纸，在上边表各种决心、揭发、批判、检讨、认罪……

在"五七"干校时的漫画

　　一个星期天，窗外大雪纷飞，我是北方人，对雪情有独钟，雪激起我到街头去写生的愿望。我走到离"家"不远的地方，那儿是停车场。纷纷的雪花中排着几辆天蓝色的公共汽车，有一种说不清的情调。我躲在一个地方开始作画。在作画的过程中，我发现有一架巡逻的摩托车在我眼前转来转去，后来又过来几辆，我被包围起来。我发现情况不妙。有个纠察人员下了车，开始对我盘问。他怎么也不能理解一个正常人怎么会冒雪在作画。这儿既不是军事要地，也不是高深研究所，我为什么要画此地？我解释也没有用。最后，他们翻弄了半天我的画具，发现除了颜料、画笔之外，没有别的东西，身上也没有摄影装置，便留下我的住址和工作地点，扬长而去。我不敢再画了，匆匆收拾画具回了"家"，等待单位军宣队或造反派来审查。过了一段时间，没人找我，总算躲过了一场劫难。妻子说："这个年头，不在家里猫着，到雪地里画什么写生，是自找麻烦！"

　　在干校，我们单位的军宣队小队长对我不赖。军宣队撤走时我为了表示谢意，给他画了一幅肖像，赠他留作纪念。可能太写实了，他当场把肖像撕得粉碎。我吓得冒了一身冷汗，所幸此人还近人情，没有追究画像中是否有政治目的。妻子说："怪你自己，自讨没趣儿。"

　　总之，这类事情发生了几次，好在没有酿成"罪行"。

　　在干校生活时，我看到一些大学者心灵扭曲的状态，觉得只有用漫画才能反映出他们的精神面貌。我几乎忘记了当年因漫画而受的批判，又操起这支秃笔。我画了不少知识分子可笑的样子，画很粗糙，但很真实。

冯至先生是我们外文所的所长，学者，翻译家，诗人。他德高望重，学贯中外，精通古今，既写小说又搞翻译，既写律诗又写新诗，他把外国的十四行诗引进中国，是创举又是开拓，他的功劳不可埋没。

冯至先生在外国文学界从教、搞研究、当编辑，辛勤耕耘了几十年，发表过许多精辟的意见，写过不少重头文章，成果累累，在不同时期，获得过德国颁发的各种勋章和奖牌，是我国外国文学界的一面大旗。

冯至先生每天跟着大家一起学习、发言。他年事已高，身体较胖，行动不便，可能从来没有过过这种集体生活。有一天，雨刚过，我看到冯至先生挽着裤腿，拎着马扎，一脚深一脚浅地走在泥泞的道路上蹒跚前进。联想到知识分子的可怜命运，我提笔便画了可尊可敬的冯至走在"五七"道路上的可怜可悲的形象。

我在冯至先生领导下工作了近30年，我没有能写出评论冯至先生学术、诗歌与小说创作以及翻译等方面的文章，但我为冯先生画了一些速写和肖像：冯先生在做报告，冯先生在发言，冯先生在与人聊天，甚至"文化大革命"期间冯先生在做检讨，直到冯先生弥留之际躺在协和医院病床上的最后时刻。后来，在纪念冯先生诞辰百周年时，这些画还拿出来展览过。

　　大名鼎鼎的戈宝权先生在干校当通讯员。每天，无论晴天阴天，刮风下雨或下雪，他都背着大包，徒步行走数十里，从干校基地到公社邮电所，来回取邮件，送信送报纸。这是在消耗他的时间、他的精力、他的才智，这是对知识分子何等的嘲弄！可能是因为长期从事外事工作，所以戈宝权办事非常认真，而且总保持着一种良好的心态，从来不急躁也不发火。有时，假日里，他会约我到附近小树林里散步，闲谈俄苏文学。那时，我为他画了一幅小型的油画肖像。他端坐在马扎上，让我连画了几个假日才完成。这幅小画像记录了一位俄苏文学专家在那荒唐的干校生活时的面貌。

　　我还画了钱锺书与杨绛假日在干校荒凉的土地上温情脉脉漫步的情景。杨绛先生在外国文学研究所期间，我在《世界文学》杂志编辑部工作，为了处理一些稿件，有时需要请教杨先生。钱锺书先生在中国文学研究所任职，每天下班时他都会来接杨先生。两位学者总在一起，形影不离，令人羡慕与赞叹。我一直想把他们画出来，不是画单独一个人，而是两个人在一起，可惜总也没有机会。

　　"文化大革命"期间，在河南信阳走"五七"道路时，机会来了。那时，我们在军宣队领导下，今天盖房子、修猪圈，明天开批斗会、抓"五一六"。圈在干校内的知识分子除被允许阅读有限的几种政治书报之外，什么也不许看。他们被强制地与书绝缘。不看书，不了解外部世界，还称得上什么知识分子?！天长日久，军宣队抓"五一六"没劲了，批斗会也开得有气无力了。那一阵，晚饭后，接受改造的知识分子们经常三三两两地到干校附近的野外去散步。活动天地不大，迎面总会遇到熟人。我常常看到钱、杨二老的身影，在众人当中，只有他们显得无比亲密，因为大多数人的感情在当时那种环境下已被扼杀，因此，他们二人的形象深深地刻在我的脑海中。

有一天，我坐在自己的床铺上，兴致所至，默画了他们的背影。我的画夸大了钱先生笨拙可笑的体态和杨先生亲昵的娇小身姿，二人并肩漫步。朋友们传看，认为抓住了他们的特点，充满人情味。不知何人把那幅漫画拿给了钱、杨二位，我得知后真有些害怕，怕惹得二老不高兴，怕说我丑化了他们，更怕上纲上线说我宣扬资产阶级爱情观，给自己招来新的麻烦。我心有余悸，犯嘀咕，因为早在 1950 年，我已有过惨痛的教训。后来栾贵民告诉我：二老看后不但没有生气，反而称赞了几句。这事一度刺激起我作画的热情。

那时，人与人的关系很复杂，只有这对大学者，如同四处无人，潇潇洒洒地挽着手臂，卿卿我我地在交谈。有人看到这幅漫画颇为喜欢，甚至有人说在他们的背影上看到了人性的复苏。

这些漫画在干校"校友"当中流传，没有带来谴责。我忘记了过去的教训，越画越多。

从"五七干校"回京以后，我又相继画了俞平伯、何其芳、季羡林、萧乾等老一辈学者。后来，又画了李德伦、方成、冯骥才、张守义、邓刚等许多文艺界人士。

我感觉人们还是需要漫画肖像的，它可以让人松弛一下，嬉笑一番，更重要的是，可以在悲戚的生活中看到人们渴望美好生活的一面。漫画肖像给人一种力量，通过幽默产生对生的希望、对事业的爱好、对美的追求。

画漫画肖像是我个人无法控制的冲动的流露。漫画肖像需要才气，同时也需要被画者的理解。缺乏幽默感的人，往往认为漫画像是对他的不敬，是嘲弄，甚至是伤害他的人格。

净化灵魂的
《伟大的马克思恩格斯战斗生活》组画

很难说走"五七"道路对我的思想改造产生了什么影响，但有一件事我不能忘记，不过它是背着军宣队干的。我在干校阅读了马恩生平回忆录并开始画马恩组画。

组画《伟大的马克思恩格斯战斗生活》（油画）可能是我干校生活中的主要成果。

那时，我们被禁止看中国文学作品，更不用说外国文学作品了。干校领导传达说：旧的中国文学作品、外国文学作品描写的都是帝王将相、才子佳人，是封资修。被允许阅读的只有马恩列毛的著作。

有一天，我到妻子的干校去探望。她们的干校也在河南信

《伟大的无产阶级革命导师马克思和恩格斯》组画的封面

阳，与我们干校相距几十里。我发现她正在阅读有关马恩的回忆录。她还向我讲了一些自己读后的感受，重述了马克思、恩格斯的许多感人故事。

我把该书带回自己的干校，慢慢阅读起来，越读兴趣越浓。我为马克思、恩格斯及其家属和战友们的人际关系和人情味所感动。马克思和恩格斯是富有感情的人，亲情、爱情、友情贯穿了他们的一生，绝不是"四人帮"主张的干瘪瘪的生活。

我同时又重读了马克思、恩格斯的几部著作，如《共产党宣言》《论英国工人阶级的状况》等。100多年前的马克思和恩格斯的形象渐渐浮现在我的脑海里，我想把他们画出来。我开始酝酿画稿，甚至开始用油色作草图。虽然画的是无产阶级革命领袖，但仍然怕军宣队看见，说我不务正业，不搞阶级斗争，而在搞自留地，所以，我常常躲在蚊帐里悄悄地作画。

在干校，我画了五六幅。1972年，上级一声令下，我们又从干校调回北京。那时，单位活动不多，有时间在家中作画。我请母亲、邻居，特别是我的好友金志平为我当模特儿，摆成各种姿势，来描绘画中的人物。

原来只打算画几幅，后来越画越感到需要增加内容，最后完成了 57 幅，前后花了 7 年时间。组画于 1978 年由人民美术出版社出版，印行 8 万册。

当时，各种文艺团体正在恢复，北京市美术家协会筹委会主席刘迅看到了我的这组马恩组画，认为非常值得公开展出。于是，由他操办，联合中山公园管理部门，于 1979 年 5 月 1 日到 5 月 25 日在中山公园兰花室组织了为期三周的《马克思恩格斯战斗生活组画》画展。观众络绎不绝，反应大大出乎我的预料。很多人在意见簿上写上"很受教育"这样的话；有人认为画幅太小；有人认为宣传革命思想，不应当收门票，等等。

一位工人师傅在留言簿上题诗：

> 画里东风画外春，
>
> 导师思想千古真。
>
> 疑是伟人丰姿在，
>
> 画师汗水染墨深。

《人民日报》《工人日报》《中国青年报》等许多报纸都发表了文章，刊出了画作，介绍了这次画展。中央人民广播电台和电视台做了专访报道，外国记者也几次采访我。

我们外文所的党委书记王平凡深情地对我说："你在'文化大革命'期间，大家打派仗时，埋头看书学习，时间没有白过，是有成绩的。"王平凡是延安来的老同志，他非常了解知识分子的心，他的鼓励使我深受感动。

马克思、恩格斯是伟人，也是普通人，有爱有恨也有七情六欲。我在"炼狱"的日子里开始创作马恩组画使我受到革命思想的洗礼，排除了许多杂念，精神上得到了升华，灵魂得到了净化，伟人的思想、理论坚定了我对人的信赖和对真理的忠贞。

1979 年，在北大荒下放劳动 20 多年的丁玲同志回到了北京。1954 年，我作为翻译曾陪同她访问过苏联，为她画过肖像，并和她谈论过美术方面的问题。我得知她回京后，给她寄去一本《马克思恩格斯战斗生活组画》。几天后，我收到了她的回信，全文如下：

高莽同志：

今天，9 月 27 日，晚饭正端上桌子时，服务员送来了你的信，画。我赶忙拆开来，读了信，很兴奋，随即看画。多好啊！高莽同志，你给我一个美丽的傍晚。我一直看画，看完了再吃饭，吃完了又看画（今天家里一个人也没有，我很自由），立刻又给你写信。我对画是外行，水平低，对有些画，什么派什么派的也不大能理解，不能接受。我好像是一个老实人，喜欢老老实实的画。因为看得少，也常常只从比较熟悉的作品中产生欣赏的兴趣。我是比较喜欢油画的。但有的出名画家的画，我又嫌他挤牙膏似的挤的太多，或太厚。有20多年，我完全脱离了文艺界，什么艺术对我都是生疏的。最近偶尔看见几幅高价的山水（我住的宾馆里有卖的），我又觉得同我的生活，同我的现实的感情隔的较远，没有心情去领会。今天忽然看见了你的画册，真使我的心沸腾。画正投合了我的口味，我愿意看下去，画的内容引起我的回忆。我在最痛苦，单人牢房，毫无生机的长年监禁中，而马克思、恩格斯，世界上最崇高的灵魂，终日与我相伴。他们使我忘去忧愁，他们又使我热爱他们的事业，他们鼓舞我要战胜一切的雄心。我为他们的友谊而神往，为他们战斗的一生而激动，为他们优美的文字而咏叹，50几幅画是不够的；但也够了，因为主要的历程都历历在目了。我反复翻阅，甚爱此画册，我谢谢你，高莽同志。它把我近日来的郁闷一扫而光。我为你的勤奋而高兴，为你的进步、成功而祝贺。

1956年我们在重庆见过，你又赠给我四幅画纸。在1957年底我被斗倒斗臭，关在屋子里等候发配时，曾经拿那涂过油的画纸临摹过一张风景画，和写生屋子里一盆萝卜兰，自然这些都不见了。我不是一个健忘的人，怎么能不记得你呢？两月前我去看了陈冰夷，他身体远不如前了，有点老人的样子。你，我想还会很年轻的，不过一定儿女也都长大了吧。我最

近要搬家。搬的地址还未通知，只知在木樨地。文代
会你参加吗？我想我们不久可以见到。等见面时再
谈吧。

　　祝好！

丁玲

9 月 27 日

　　后来，根据丁玲的要求，我又专门为她画了一幅马克思、恩格斯同行的油画。我感到自豪的是，她一直把那幅油画挂在自己的工作室里。

　　1972 年 3 月，我们外文所又分批返回了北京。在干校待了两年，20 世纪 70 年代初，我国从事社会科学的这一大批精英，在河南这片土地上留下了什么呢？

　　再过几千年，未来的考古学家也许在这里经过挖掘会出土不少珍贵的古迹。像一块手表，那是美国文学专家李文俊在收割豆子时遗失在大田里的，当时怎么也没有找到。也许能发现一两张没有腐烂的纸头，那是杨绛替房东老太太写信，留下的草稿。也许会发现一支圆珠笔，是诗人邹荻帆在菜园里遗失的写作工具。也许能发现一粒扣子，那是老编辑庄寿慈在半夜看电影接受再教育时，突发脑溢血，当场昏倒在地，大家抬他去医院时丢下来的……

　　它们也许能让后代人大吃一惊：那个时候，人们生活中怎么都用那么原始的东西……

"五七"道路在我的生活中是怎样一个历程，说不清楚，却让我无法忘怀。

《世界文学》复刊

1978 年《世界文学》复刊以后，在党的十一届三中全会决议精神鼓舞下，解放思想，回顾本刊走过的历程，总结经验教训，清楚地看到自己身上的时代烙印，认识到除了成就之外，它也发表过一些经不起时间检验的作品与文章。在对外国文学有了新的、更全面的看法之后，《世界文学》对外国文学的介绍、评论走上了一条新的道路。

世界是复杂的，世界文学是绚丽多彩的。每个民族的文学中都有精华，也有糟粕。时代大大前进了一步，我们必须面对现实，打破封闭状态，把外国的一切优秀的文学成果都拿过来，为我所用。所以，不管是东方的还是西方的，是古代的还是当代的，只要是优秀的或有重要影响的作品，都应该成为《世界文学》杂志译介和评论的对象。

《世界文学》首先坚持介绍无产阶级文学和被压迫民族文学。它注意到拉美的"文学爆炸"，并较早地把它的代表作——加西亚·马尔克斯的《百年孤独》，引进到中国来。《世界文学》热心地注视着第三世界文学的发展，使读者可以及时了解新兴国家的文学现状。

《世界文学》复刊后较大的变化还表现在对待西方文学的态度上。与 19 世纪文学相比，西方现当代文学发生了巨大变化，它在世界上有着广泛的影响，我们不能对它采取简单的排斥态度，而应当重视。虽然西方大部分作家是用资产阶级世界观认识世界的，但他们的一些作品仍不失有深刻的社会历史内容，有较高的艺术水平。尤其是他们观察社会的角度、大胆探索艺术新手法的努力，更值得我们认真研究。正是在这种思想指导下，《世界文学》复刊后选登了美国辛格、契弗、贝娄、冯尼格、厄普代克、欧茨等人的作品；也发表了法国特罗亚、德吕翁、巴赞、埃美、塞斯勃隆、居尔蒂斯、图尼埃、萨洛特等人的小说；还介绍了意大利卡尔维诺、夏侠的中篇小说，瑞士迪仑马特的《法官和他的刽子手》，奥地利卡夫卡的《变形记》，后又重点选登了爱尔兰乔伊斯的名著《尤利西斯》。与此同时，还发表了一批论文，如《卡夫卡和他的作品》（丁方、施文）、《艾略特与文艺批评》（杨周翰）、《埃士拉·庞德的漂流历程》（李文俊）、《戴·赫·劳伦斯的社会批判三部曲》（赵少伟）、《关于卢卡契文艺思想的几个问题》（范大灿）、《美国当前的"妇女文学"》（朱虹）、《从阿兰·罗伯－格里叶的三篇短文看新小说》（王泰来）、《陀思妥耶夫斯基的〈地下室手记〉和小说复调结构问题》（夏仲翼）、《从萨特的"境遇剧"看他的自由观》（施康强）、《拉丁美洲"神奇的现实"的寻踪者》（林一安）、《西方文学的一部奇书》（金隄）以及对荒诞派、黑色幽默等文学流派的作家、作品和流派的评论、介绍和重新评价，充实了读者外国文学方面的知识，活跃了读书界的思想，也为作家与文艺工作者提供了借鉴与研究的样本。

《世界文学》审慎地对待外国获奖作品。国外获奖的作品并不都是上乘之作，但《世界文学》仍然尽可能地把重要的获奖作品介绍给中国读者，以扩大眼界。从获得诺贝尔文学奖的作家中，《世界文学》选登了希腊埃利蒂斯、波兰米沃什、罗马尼亚斯特内斯库、捷克塞弗特的诗，奥地利卡奈蒂的小说《迷惘》、英国戈尔丁的小说《特命公使》和法国西蒙的小说《农事诗》等。

《世界文学》还设有一些经常性的栏目，如"文化交流""国外通讯""作家谈创作""外国文学资料""现代作家小传""世界文艺动态"等，尽量给读者提供更多的信息。

不能否认，西方某些趣味不高的畅销书在我国也有一定的市场。《世界文学》没有迎和某些读者的要求，没有随波逐流，在清醒地分析了形势之后，始终坚持严肃认真地介绍外国文学作品的科学态度。

1986 年，《世界文学》举办了"我所喜欢的外国当代作家"征文活动，共收到来自 18 个省、自治区、直辖市以及部队的读者投来的大批征文。他们中间有文艺工作者、教学人员、学生、工人和其他基层工作者等。征文中论及 50 余名外国作家，真情实感溢于字里行间，有不少精辟见解，这说明世界优秀文学作品影响之广和读者欣赏水平的提高。

创刊 30 多年来，《世界文学》收到从世界各地寄来的作者与读者的书信、稿件，有的还来访问过编辑部。他们对本刊怀着殷切的希望，愿意通过它来沟通彼此的感情与看法。波兰作协名誉主席、女作家阿乌德尔斯卡得知《世界文学》即将刊出她的小说《绿宝石眼睛》时便表示："最衷心感谢《世界文学》编辑部在其著名的、受到高度评价的刊物上发表我的作品。"

我国广大读者和作家一直给予《世界文学》极大的关怀与支持。《世界文学》创刊30周年时，巴金同志在祝贺信中写道："我，作为你们刊物的一个读者，曾经亲眼看到它像我们新中国的整个文学艺术一样，经历了初创、成长、被禁锢和再生；我也怀着和你们同样的心情，希望看到它更加兴旺发达。而且我深信它一定会更加兴旺发达。我们吃够了闭关锁国、耳目失聪的苦，现在不再是关上大门、自吹天下第一的时代，没什么力量能使十亿人的目光再局限在960万平方公里的国土之内了。人们需要更多地观察和了解世界，认识世界上各个国家、民族的各个方面，在比较和鉴别中把前进的步伐迈得更坚定些。"多年来，我国中青年作家也对《世界文学》热情支持。宗璞、朱春雨、张抗抗等同志为《世界文学》撰写了评论文章，谌容、温小钰等同志则为刊物翻译了文学作品。

全国目前有20余种介绍外国文学的刊物，在这种情况下，《世界文学》服务的主要对象是文学工作者、外国文学教学工作者和文艺爱好者。在全面开创社会主义现代化建设新局面的今天，为了适应社会主义物质文明与精神文明的需要，为了繁荣我国的社会主义文学艺术，为了满足读者日益提高的审美观念、求知欲，丰富其精神生活，《世界文学》将在继续深入调查外国文学现状与历史的基础上，加强评论，做好引导，向读者推荐有价值的外国文学作品与评论文章。

我在《世界文学》编辑部工作了 27 年，从一名普通的编辑到主编。1989 年离休。

我离开《世界文学》后，编辑部更换了几届领导：李文俊、金志平、黄宝生、余中先、高兴……他们每个人都对杂志进行过改革，在介绍外国文学作品方面也有自己的视角、选择方法和特色。

如今，《世界文学》杂志在外国文学界仍然发挥着自己的作用。

文学前辈对《世界文学》的关爱

我在《世界文学》工作期间，无时无刻不感受到老一辈文学家、翻译家们对这个刊物的真心爱护和严格要求。他们像关心自己的孩子一般关心这个刊物的成长与发展，即便他们不在《世界文学》担任任何职务，或者离开了主编或编委的岗位，他们仍然惦念着《世界文学》。前辈们为我们树立了爱岗敬业、当编辑、做翻译的榜样。

我忘不了茅盾先生晚年几次询问《世界文学》的情况。每次到圆恩寺胡同 13 号四合院看望茅公时，他总是把我引到后院，在他的书房里交谈。茅公穿着对襟短衫，中式裤子，脚上一双布鞋。稀疏平整的头发，花白的八字短胡，很有个性。他那双闪烁光亮的眼睛流露着慈祥的深情。茅公讲话带有浓重的浙江口音，字字句句充满长辈对晚辈的关爱。他不仅关心刊物的变化，关心编辑工作中的问题，而且还关心所有成员的身体状况。记得他亲切地询问戈宝权的眼睛，说他的字越写越小，让我转告他要多多注意保护。他问及朱海观的近况，说他动了手术出了院，要认真护理。他问陈冰夷的工作……总之，《世界文学》的一些老人都挂记在他的心上。编辑部向茅公约稿时，他不管如何忙碌，总是一口答应，从不拒绝。新时期《世界文学》上发表了茅公论述外国文学与翻译的文章，如《向鲁迅学习》等，是我国研究外国文学的宝贵文献。

巴金先生是我们刊物的积极支持者。1977年我们筹备复刊时，6月6日，邹荻帆代表编辑部写信给巴老向他约稿。他慨然答应了。巴老在"文化大革命"中受尽折磨与陷害，家破人亡。粉碎"四人帮"后，巴金从恶境回到人间。我们向他发出约稿信，他很快寄来了3万多字的译文——赫尔岑的《往事与深思》。译稿是巴老亲笔写的，寄给我们的是复写纸下的底页。巴老的字本来就不大，不受方格的限制，有些地方字迹不太清楚。我们收到译稿后，心花怒放，细细辨认每个字，唯恐认错。巴老在来信中要求编辑部根据刊物的需要尽量删改。《往事与深思》排出校样后，我们根据巴老的要求把校样寄给了他。过了不久，他让人转告我们说，最近要来北京，将亲自把校样带来。那时，上海安排一批人来京瞻仰毛主席遗容。7月的一天上午，邹荻帆和我去火车站迎接他。只见一支百人的长队，整整齐齐地走了过来。我们远远就看见了巴老，立刻迎上去。巴老有些不知所措，说这次来京是集体活动，不能离开队伍。他急急忙忙把清样交给了我们，没有来得及多说，就随大队走远了。望着这位可爱可敬、身材不高、满头白发、急促地移动着脚步唯恐掉队的老人的背影，我们心中有一种说不清的感受。我们手中不仅接过来他带来的经认真修改的校样，而且还有一个铁夹子。他说那是我们寄校样时一同寄去的。

1977 年 10 月 1 日，巴老寄给我的信中顺便提道："还有一件事拜托：《世界文学》第二期上我那篇赫尔岑回忆的译文，我还想改几个字，希望能给我看一遍校样。请代我向编辑讲一声。"老一辈作家对自己文字的严肃认真态度，使我们编辑部同仁极受教育。还记得有一次，我们得知他为《春》的泰文译本写了一篇序，我们想发表，征求巴老的意见。他说："你们要用，我当然不会不同意，不过我看放在'文艺动态'里也许比较合适。"何其谦虚的老人啊！

《世界文学》创刊 30 周年时，我们希望巴老能写一篇稿子，他答应了。日子一天天过去，可是稿子毫无音信，我们担心约稿可能落空。有一次，我们当着夏衍同志的面提到了这件事。夏公说："老一辈作家答应的事，一定会兑现。"果然，在集稿的前几天，我们收到了巴老的来稿。后来我们得知，当时巴老还在病中。

夏衍同志虽然在《世界文学》没有担任过任何职务，但他和其他老作家一样，十分关心《世界文学》，把它视为向中国读者介绍外国文学的重要阵地。我亲耳听到过他怎样主动地劝说冰心老人为我们写稿。

那是 1982 年，我们在刊物上开辟了一个栏目，邀请专家们就外国文学的工作讲一讲自己的想法。当时，我去见冰心老人，请冰心老人支持我们。我说："老一辈专家的意见，对我们今后改进工作大有帮助。"冰心老人白皙的脸上闪动着一双非常明亮的眼睛，她问道："何时交稿？"我不便开口，因为要得很急。当时在场的夏公理解我们的心情，便插了一句："老大姐是快手，没问题。"沈宁（夏衍的女儿）在一旁补充了一句："冰心同志写文章不费吹灰之力。"果然，几天后，冰心老人打来了电话，第一句话便半开玩笑地说："我把灰吹好了，你们来取稿吧！"这就是刊载在《世界文学》1982 年第 2 期的文章《我的感谢》。

《世界文学》创刊 30 周年时，我们很希望夏衍这位在 30 年代开创翻译革命文学先锋的老作家能谈谈他对引进外国文学作品的看法。夏公本来正忙于撰写回忆录，但还是答应了，并写了《我的祝愿》。我们很感激他。夏公在"文化大革命"中遭到残酷的迫害，一条腿被打残。可是他那消瘦的躯体中蕴藏着顽强的毅力，使他在"文化大革命"后加倍地工作。夏公对外国文学界、对《世界文学》的期望甚高。他说："现在我们身处在 20 世纪的 80 年代，不实行对外开放政策，不引进外国的科学技术，就不能建设高度的物质文明。同样，不介绍和借鉴外国的文学艺术，就不利于建设高度的精神文明。"他又说："文化，像空气一样，是不能封锁的。当然，空气中也会有传染病的细菌。我们不能因为有细菌而停止呼吸，我们也不能因为外国文艺有不健康的反动的东西而实行文化封锁政策。"他希望《世界文学》"理直气壮地贯彻百花齐放、洋为中用的方针"。夏公的话鼓励了我们更大胆、更广泛、更深入地介绍外国文艺精华。

周扬同志复出后，在担任中国社会科学院副院长期间，曾来《世界文学》编辑部做过一次有关外国文学介绍与翻译的讲话。

他对《世界文学》很有感情。1959 年，周扬建议将《译文》改名为《世界文学》。1983 年《世界文学》创刊 30 周年时，他又应邀出席了纪念会，还为《世界文学》写了一篇祝贺文章《把翻译文学提高到新的水平》。他在文章中写道："我希望，我国文艺界、学术界分工合作，组织力量，把一切有价值的古典的和当代的作品，有计划地翻译出来，经过挑选和批判，用以丰富我们的思想资料和艺术素养，把翻译文学提到一个新的水平，以促进我国社会主义现代化建设的发展。"80 年代初，日本文学家井上靖来我国，访问了中国社会科学院和外国文学研究所，周扬同志接见了他，还将我画的一幅井上靖的肖像作为礼物赠给他。周扬在肖像上题了一首诗：

赞鉴真伟绩

忆古道丝绸

惊东亚文坛

歌两邦厚谊

周扬同志对我们这个刊物一直关怀备至，直到逝世。

冯至同志自外国文学研究所成立就任所长。《世界文学》复刊后，他兼任主编。他非常关心《世界文学》，多次为《世界文学》撰稿，既有指导性的理论文章，也有随笔和译文。

1983 年，他对《世界文学》提出三个"不要忘却"——

首先，在介绍外国文学的同时，不要忘却国内文学的现况和大家关心的问题。"他山之石，可以为错"这句《诗经》里的老话对于我们当前介绍外国文学也是适用的。但若使他山之石真能为错，我们首先要明确为错的对象是什么，如果对象不明，他山之石也难发挥作用。

其次，《世界文学》在保持自己的特点的同时，不要忘却向其他兄弟刊物学习。如前所述，现在国内有不少关于外国文学的刊物，它们都各具专长，有独创精神。我们不应墨守成规，要力求革新，但也不能随时抑扬，哗众取宠。

第三，在肯定成绩的同时，不要忘却从 30 年内（实际上还不到 20 年，因为有 10 余年停刊）某些时期产生的工作偏差中吸取经验教训。

这是老人多年从事外国文学研究事业的经验结晶，是对办好外国文学刊物的肺腑之言。我们认真地执行了他的指示。

冯至同志卸去主编职务后，1987 年在《看法与意见》一文中他又提出三点希望：

近两年来，《世界文学》编辑部对于编辑工作做出很大的努力，尤其是 1986 年几期，编辑部的同志们在保持本刊特点的基础上，适应时代的要求，力求改革和创新，如其中几期的"特辑"，给人耳目一新之感。西方一般的文学史承袭从古希腊形成的传统，把文学分为诗歌、小说、戏剧三大类，散文和传记文学没有取得应有的地位。我国介绍外国文学，基本上也是在那三大类范围内进行。其实，西方（跟我们中国一样）从古以来就有脍炙人口的散文和传记文学，并且不断在发展。今年《世界文学》出了"散文特辑"和"传记特辑"，冲开"三大类"的框框，扩大了外国文学视野，这是一个创举。我希望，《世界文学》此后每年能有两三期有这类的"特辑"。当然，不能只限于散文和传记文学。

另外一个希望是关于古今的问题。生逢今世，首先要了解今天。十年浩劫期间，夜郎自大，排斥一切外来事物，堵塞通往外界的渠道，其结果是对于世界发生了什么变化，茫然无知。浩劫过去，对外开放，无所作为十年之久的外国文学工作者和广大文学爱好者如饥似渴地要了解外国文学的现状，阅读当代的文学作品，是理所当然的，而且要继续加深研究，广泛介绍。可是在重视当代的同时，不要过于忽略了古代。科学技术日新月异，回顾古人，我们的知识不知比他们多了多少倍。但是在艺术和智慧上，某些方面我们比他们并不更为聪明，有时还显得愚蠢。例如古希腊罗马时代的哲人对生与死的见解，往往是现代人都说不出来的，千百年前久经考验的优秀作品也经常保持着新鲜。何况我国外国文学工作本来底子就单薄，对于18世纪的文学研究和介绍也不够，同样有继续加强的必要。所以我希望，《世界文学》能适当地有计划地精选一些东方与西方的古代名著以飨读者，但不要占有过多的比重。

目前国内文艺界有一种理论热。这些理论主要是直接或间接地来源于外国，拿来中国后，则显得艰深莫测，一般读者很难理解。为了"正本清源"，《世界文学》何妨下点功夫译几篇外国有代表性文艺理论文章，加以说明，介绍给读者？这种理论文章，与散文和传记文学相比，不容易翻译，但如果组织好了，也未尝不可以出一个"理论特辑"。这是我的第三个希望——也许是个不切实际的希望。

这位精通古今与中外的诗人、翻译家和理论家，不管是在位还是已离岗，从未忘记《世界文学》，一直关心它的成长。我们认为老人的希望非常切合实际，所以在编辑工作中不断地将它们变成现实，于是，《世界文学》刊登了《"后现代主义"小说》（董鼎山）、《结构革命的先锋》（孙家孟）、《让虚幻昭示真实》（吴泽林）等理论文章，赢得了读者的赞赏。

季羡林先生是《世界文学》的老朋友，也是十分忠诚的读者。他回忆《世界文学》头10年的情况时，有过令人叹绝的记述："每一次开会，我就像小孩盼望过年一样，先期盼望。因为在会上能够见到许多平常难以会面的同行老友。大家开怀长谈，谈稿件，谈时事，谈个人感受，无所不谈，无拘无束，其乐融融。正是难得的一种特殊享受，至今忆念难忘。可惜时过境迁，当年的老朋友有几位已离开了世界，令人有人琴俱亡之感了。"季老不仅积极参加编委会的会议，而且用自己精美的译稿增加了《世界文学》的色彩。

用自己的文章或译作支持《世界文学》的远不止这几位老人。丁玲访问法国之后，接受了本刊编辑的采访，整理出内容丰富的长篇谈话录；刘白羽访问列宁格勒之后，为我们撰写了情深意切的随笔《九百个火炬》；楼适夷、戈宝权、罗大冈、冯亦代等老人也经常为《世界文学》撰稿；何其芳、卞之琳、林林等诗人则为刊物提供了自己的译诗，他们重视表达原作的精神，同时推敲译文的韵律，使译诗成为名副其实的诗。

除了老作家与老翻译家之外，其他领域的老艺术家们也为

刊物写了一些文章，如画家吴作人写了《巨匠的伟构》，介绍
日本大画家东山魁夷的美术作品；美学家王朝文写了介绍罗丹
的雕塑《巴尔扎克》的文章。

　　《世界文学》的同仁正是得到了老一辈艺术家们的大力支持
和热情鼓励，才能够更好地坚持贯彻党的文艺方针，取得令人
称赞的成就。

　　我在《世界文学》工作期间，深感我们的工作离不开前辈
的爱护。在实际组稿过程中，我又因刊物占用了老人们过多的
宝贵时间而感到内疚。为了满足刊物的要求，他们不得不放下
手中更重要的写作任务。鉴于此，我在编辑部碰头会上提出：
向老先生约稿是件重要的工作，但不能勉强他们，不要使老先
生们为难，要考虑到他们晚年的自由创作，这要比支持我们的
刊物更为重要。

重建《世界文学》编辑队伍

　　"十年浩劫"以后,《世界文学》编辑部的同仁们建议尽快
恢复这个名牌老刊物。经向上级请示，很快便得到了批准。

　　要恢复刊物，就需要有编辑队伍。

　　20 世纪 50 年代,《世界文学》杂志最盛时期，编辑成员多
达 30 余人，是中国作家协会的一个组成部分。先后担任主编的
有茅盾和曹靖华，主持日常工作的是副主编董秋斯与陈冰夷，

还有一大批很有名望的作家和翻译家担任编委。

这个老班底在"文化大革命"的狂风暴雨中被摧残得七零八落。负责人无一不遭到审查、批斗、辱骂与诬陷。

筹备复刊时，陈冰夷（1916～2008）还在隔离中。他本是筹办《译文》的主要负责人之一，是从上海时代出版社调到北京的。新中国成立前，他长期在上海工作，身在旧社会的十里洋场，经历必然复杂。他交际广，知识渊博，记忆力强，爱讲一些众人所不知的名人内幕，他对江青的议论，在"文化大革命"中给自己带来了灾难。他做领导工作总是批评与挑剔，很少鼓励下级，所以大家对他的意见比较多，在"文化大革命"中吃的苦头不少。

董秋斯（1899～1969）虽然创办《译文》时是副主编，但不知何故不让他管事。《译文》改为《世界文学》后，他只是名义上的编委。我到《世界文学》时，他早已不工作了。我作为一名翻译小兵，很早就知道这位左联老同志，不仅听说过董秋斯的大名，而且拜读过他的译作。他对翻译界的贡献很大，我是在接受审查时才走近他的。他高高的身材，戴着一副近视镜，说话文雅而威严。他讲述自己怎样走上革命道路，参加了北伐，怎样开始文学翻译。他感到莫名其妙的是早已不过问《世界文学》的事了，却被揪来批判。他不理解这场"伟大的革命"，更不能违背良心说假话，他只好接受批斗。在"牛棚"的日子，使我有机会近距离地接触了这位老革命，领略了他刚直不阿的性格和办事实事求是的作风。

　　邹荻帆（1917～1995）是诗人。他的天职是写诗，可是上级偏偏让他当编辑部主任，整天忙于繁杂的行政事务工作。他一再请求调到创作单位去，就是不予批准。他这个小小的七品芝麻官，在"文化大革命"中居然成了大大的走资派，被批来批去。批判已经变成了一种智力游戏，大家在工宣队和军宣队面前做出一番严肃认真的批判架式，实际说的净是无限上纲、不着边际、查无实据的废话和假话。

　　有的人在那暗无天日的日子里含冤死去。我忘不了周纪怡大姐（？～1967）。她在编辑部主要管理图书，非常热心，乐于助人。她翻译过一些英文文学作品发表。她的丈夫沈大爵早年留学美国，是著名的骨科医生。横扫牛鬼蛇神时他成了革命对象。接受审查时，他不忍人格的侮辱自缢而死。周纪怡受到沉重的打击，变得精神恍惚。记得那时她总是一个人躲在办公室里，不点灯，蜷缩在沙发上。有一天她骑车外出，在一条街上不知是她撞在汽车上还是汽车撞在她身上，就那么稀里糊涂地结束了自己的生命。在那个年月，谁会去管一个自绝于人民的人和被汽车撞死的"反革命家属"？我们编辑部就这样失去了一位好大姐。

　　继周纪怡之后，《世界文学》的编委庄寿慈不幸逝世。庄寿慈身材高大，在扬州读书时，是有名的足球队员。他参加过学生运动，很早便从事进步文学活动，编刊物，搞翻译。20世纪40年代，庄寿慈进入苏联塔斯通讯社工作，50年代初调到北京，参加筹办《译文》的工作。他在自己的岗位上勤奋耕耘多年，不图名不图利，整个身心都扑在工作上。编辑、审稿、编排、美编，凡编辑的事情全管了，自己也翻译。"文化大革命"开始后，再不碰业务，天天搞运动。后来随单位大队人马一起下放到河南息县"五七"干校。那时的干校时常有些意想不到的活动。有一天夜里，军宣队突然叫醒所有下放的"臭老九"，排队去看样板戏电影。大家拎着小马扎朦朦胧胧地来到空旷的广场上，在寒风中看电影，接受革命教育。散场后，大家准备回宿舍。这时有人发现，庄寿慈没有站起来，而是倒了下去。吉普车在坑坑洼洼的土路上颠簸了几个小时，他被送到县医院，但为时已晚，脑溢血夺走了这位健壮汉子的生命，去世时年仅58岁。他没能活到《世界文学》复刊的日子，更没能见到它后来的发展。

编辑部其他成员，甚至包括一般工作人员，在"文化大革命"中几乎都遭到程度不同的批斗或迫害。

当时，老编辑朱海观（1908～1985）、凌山（1916～2012）和方土人（1906～2000）已年过60，不能坚持工作了。还在工作的有邹荻帆，日本文学有李芒和陈九仁，英美文学有李文俊、冯宗璞、刘慧琴，法国文学有金志平，德国文学有张佩芬，朝鲜文学有金晶，俄苏文学研究的编辑人数最多，有张孟恢、杨仲德、苏杭、冯秀娟、唐梅等。大家的业务荒废了十多年，健康状况已大不如前。这些人当中，后来有的离休，有人请了长期病假，有人调到其他单位，有人出国再没有回来。

《世界文学》想复刊，编辑部必须补充新的血液，重建队伍。

当时从外国文学研究所的一些研究室和对外文委等单位调来几位业务骨干：叶廷芳（德语）、李光鉴（英语）、唐月梅（日语）等，编辑部还从外语学校借调了几位年轻的外语人才，一支以中青年人为主力的新的队伍逐渐形成。

经过几年的练兵，新手熟悉了业务，在编辑部工作实践中有了发展。特别是我国进入改革开放的新时期，这些外语人才有了出国深造或进行学术考察的机会。到了20世纪90年代，他们先后成了《世界文学》编辑部的核心力量。

新时期，《世界文学》这块阵地上外国文学的花朵姹紫嫣红，竞相开放，这与老前辈的关心和新人的努力分不开。编辑部新人中很多人都值得介绍，现在只举一个人为例。1978年，我们从北京外国语学院借调了一位42岁的教师林一安，他的专业是西班牙语。他在学生时代被错划成"右派"，后来为他平反时，发现原始材料中没有他是"右派"的档案。他白白戴了20来年的"右派"帽子，承受了20来年的"右派"待遇。我们知道林一安，是因为20世纪50年代后期，他曾在我们刊物上发表过一组危地马拉作家阿斯图里亚斯文学作品的译文，是从西班牙语翻译的。编辑部一直感到缺乏西班牙文人才，所以这时便选中了林一安。

林一安高度近视，办事认真，一丝不苟。他担任编辑不久，便推荐发表加西亚·马尔克斯的长篇小说《百年孤独》。这是一部构思奇特、手法新颖的小说。在这之前，我还没有读过类似的作品。我受现实主义文学教育较深，对超现实的文学流派外行。林一安以此著的特殊写作手法及它在拉美文坛产生的影响与作用说服了我。我很佩服林一安的文学观念和向我国读者推荐这部作品的执着精神。与此同时，我意识到自己文学观念狭窄、局限和落后，必须吸收新的知识，调整固有的观念。当我们组织人力翻译并筹备发表这部小说时，传来新的消息——加西亚·马尔克斯荣获 1982 年度诺贝尔文学奖。事实再次教育了我，新的编辑具有敏锐的眼光和选材的实力。

《百年孤独》是直接从葡萄牙文译成汉文的哥伦比亚文学作品，它在读者中特别是在我国青年作家中引起强烈的反响，后来的事实进一步证明了这一点。

从此，《世界文学》在介绍西葡拉美文学方面，开启了新的局面。我们为两位在我国"文化大革命"期间受到非难与诬陷的拉美大作家亚马多和聂鲁达正名，继而又介绍了拉美文学的新流派——魔幻现实主义和结构现实主义的理论。

拉美文学"文学的爆炸"的引进，对新时期的中国文学起了催化作用。《世界文学》能做到这一点，是与编辑队伍的革新分不开的。

采取多种方法提高编辑的外国文学素养

改革开放伊始，我们认识到，要想让《世界文学》的内容和时代同步，能反映出当今世界文学的整体概貌并与世界文

《世界文学》创刊 60 周年纪念会

学发展接轨，编辑人员必须具有全球的视野，掌握世界文学的脉搏与流向，熟悉创作的新成果，真正理解各种文学流派与理论。

　　老编辑们经验丰富，熟悉业务，可是十多年与世隔绝，对外国文学已经感到疏远，对它的变化更是知之甚少。新编辑年富力强，精力饱满、思想活跃，但在业务上有待熟练与提高。为此，20 世纪 80 年代，我们便有计划地邀请文艺界名家到编辑部来讲课，给大家充电。应邀来讲课的人对我们的这项活动非常支持，完全是无偿地做贡献。专家们讲上半天，讲完之后，编辑部将我们编辑出版的各种文集赠予讲课人，聊表谢意。同仁们也自愿将自己的译著作品送给讲课人。

我记得到编辑部讲过课的有文学界的邓友梅、刘宾雁、李陀、朱春雨等人，音乐界的李德伦，美术界的方成……外国文学界的同行们就更多了。他们或讲述自己的创作经验、几十年来的苦难经历，或介绍国外见闻以及研究外国文学的心得。我们掌握了国内文艺界的现状，了解了世界文艺界当前的动向，心里似乎更有了底。

邓友梅讲课时全面地介绍了我国新时期文学的现状，还着重谈了一些京味文学的特色，回答了有关翻译文学、有关他本人的创作经历和遭遇等问题。他的语言风趣幽默，深入浅出，谈到某些荒唐的事时，既让你发笑，又让你流泪。他还提到几位值得重视的新生力量，让我们特别重视。

朱春雨在讲课时，谈到他创作长篇小说《橄榄》的得失与感受，说外国文学对他有一定的影响，特别是苏联小说家艾特马托夫的《一日长于百年》给他的启发很大。

有一天，编辑部人员正在会议室听李陀讲课。一位日本女作家到外国文学研究所来访问，她想顺便看一看自己曾经与研究日本文学的学者们举行座谈会的会议室。当她走进会议室时，李陀的课已经讲完了，大家正在兴致勃勃地座谈。日本客人见此情景没有退出会场，而是走了进来，听了一会儿，向大家鞠了个躬，然后悄悄地对陪同人员说："我也想和各位一起座谈座谈，不知是否能够给我这个幸运。"我们表示欢迎。座谈中，日本客人很有礼貌地问询中国读者对日本现代文学的看法，针对日本客人的问题，《世界文学》编辑部成员各抒己见：有人谈自己是多么喜欢东山魁夷的散文和画，有人分析了夏目漱石的《我是猫》，有人讲了小林多喜二的小说《蟹工船》，有人谈及川端康成的审美观。还有人说：从近年译成汉文的长篇小说中可以感受到日本民族的特色，但大都写得过于冗长，水分多了一些。这是一次大家都没有准备的发言，也可以说是对编辑部实力的考验。大家的发言使日本女作家不胜惊讶。她没有想到，《世界文学》编辑部的成员们，即使不是专门研究日本文学的编辑，也很关注和了解日本作家的创作，并且还有自己的见解。其实，我们编辑部何止是对日本文学感兴趣，大家还经常在一起议论俄苏文学、英美文学、德法文学以及拉美文学等。这是我们的业务，不熟悉业务，编出来的刊物怎能保证做到对得起读者和子孙后代？

除了文学界的人士外，我们还邀请过其他艺术领域人士讲课。首任主编茅盾先生在《世界文学》创刊时就提醒我们：编文学刊物要同时注意和报道其他艺术门类。

音乐指挥家李德伦曾为我们介绍如何欣赏大型交响乐。他事先提出要我们准备一台收录机，他说，他将带一些录音带，在讲演过程中同时播放乐曲。

当时，李德伦已年近古稀，身体肥胖，行动缓慢，但他讲起话来神采飞扬，妙语连珠。他把世界名曲解析得淋漓尽致，一边讲解一边指点看管收录机的同志或播放或停止录音带，忙得那位同志满头大汗。李德伦讲了两个半小时没有休息，也没人退场。李德伦本身就像是一部交响乐，他讲话时，自己陶醉在乐曲中，把听众也带入音乐世界。当他解析贝多芬的交响曲时，我们仿佛在经受命运的敲击。编辑部里的成员都喜欢音乐，音乐大师李德伦的讲课加深了我们对交响乐的理解。我们常常在一起谈论文学作品中的音乐因素，这在无形中扩大了对外国文学作品的选材。

方成是我国著名的漫画家。当时他也 60 岁开外了，但走路健步如飞，办事麻利，他有一双大而且非常有神的眼睛，厚厚的嘴唇，一口京腔，其实，他是广东人。他说话与他的漫画一样，妙趣横生，可是他自己的脸上却很少露出笑的表情。

那天，他讲了漫画与文学的关系，讲了滑稽与幽默的区别，讲了讽刺艺术的深刻意义，还回答了大家七嘴八舌提出的种种问题。他说："我本来是学化学的，最后被社会认为是画漫画的。'文化大革命'前我画的漫画都是国际政治题材，可是'文化大革命'时造反派却批我不问政治。"

他说，外来语"幽默"和"滑稽"本来是一回事。凡是可笑的逗乐的事，中国人叫滑稽，欧美人叫幽默。后来这两个名词被赋予特定的含义，滑稽和幽默就有了区别。他用很多例子来说明这个区别。我记得他讲述自己的苦衷时说："幽默讽刺这种手法看起来轻松有趣，可是掌握这门艺术非常不易。"他知道我们这些在场的听众是专门从事外国文学研究与介绍的，便谈了自己与文学的关系。他说自己也作过翻译，译过英国漫画家大卫·罗的一篇文章，"一生中我只译过这么一篇"，他呵呵笑了。

　　方成说，他读的第一本幽默讽刺艺术理论著作也是外国文学作品，是他的老师朱光潜先生向他推荐的柏格森的《笑之研究》，译者是我们党的早期领导人之一张闻天。他说："至今我还在读那本书。"他分析了俄国作家果戈理、契诃夫、左琴科的讽刺特色；谈到马克·吐温、萧伯纳等人的讽刺与俄罗斯作家的讽刺如何不同；后来又谈到印度的克里山·钱达尔、土耳其的阿吉兹·涅辛、泰国的克立·巴莫的作品中讽刺的民族性，他还提到罗马尼亚卡拉迦列的讽刺小说。

　　我好奇地问他："你从哪儿读了那么多外国文学作品？"

　　他说："除了从书店买的书以外，再就是你们的《世界文学》了。"

　　他说，《世界文学》从事着一项非常光荣的事业，担负着艰巨的任务。现在中外文化交流频繁，不同民族之间的幽默也在相互渗透。他举了一个大家都没有想到的例子。他说："侯宝林的相声中就借鉴过外国笑话，你们知道吗？"我们相互看了看，愣了一阵，摇了摇头。于是他讲了事情的经过。20 世纪 50 年代，他的漫画合作者钟灵同志从匈牙利访问回来，给他讲了一个笑话，说某疯人院里有个疯子让别人顺着电筒的光柱往上爬。他们又把这个笑话讲给了共同的朋友侯宝林。过了一段时间，侯宝林把这个笑话作了稍许改动，编进他的相声《醉酒》中。大家也许记得，其中最逗人的笑料是醉汉让另一个醉汉顺着电筒的光柱往上爬。当侯宝林以其特有的声调表演这则笑话时，谁听了都会捧腹大笑。一个笑话经过中国语言大师的艺术加工，变成中国化了的笑话，成了相声中的不朽之作。

方成那天讲了两个多小时，最后，他把大家赠送的一些译文书籍夹在自行车的后架上，轻松愉快地走了。

我们还邀请过苏联、美国、日本、波兰以及阿拉伯地区国家访华的作家进行座谈。

那些报告、讲座、座谈对我们编辑人员专业水平的提高和文化知识的充实起了积极的作用，使我们在掌握世界文学总的形势上做到心中有数，使我们在为刊物选材上做到了更有见地、更准确、更内行。正因为如此，有些作家获得诺贝尔文学奖之前，我们已经作过介绍或评论。为此，我们得到不少读者的感谢。

世界变化无穷，文学日新月异。作为一名专门介绍外国文学刊物的编辑，必须时时刻刻关注国内与国外两方面的文学现实，必须不断充实自己，即充电。这是知识领域的充电，也是思想方法、观念上的充电。只有这样，才能做到引导而不是迎和读者的阅读趣味。

在《世界文学》工作时期的同事

《世界文学》是我进修、深造的一个专业学校。我在《世界文学》工作期间重新学习和研究外国文学，同时也和这个刊物一起成长。我只通晓俄文，但工作有时需要我知道其他一些国家的情况，有时还需要从俄文转译别国作家的文章。《世界文学》的同仁既是我的同事，又是我的老师。

《世界文学》编辑部工作人员最多的时候有近 30 人，而语种竟多达十几种。除了几个大语种之外，还有一些小语种，如朝鲜语、越南语、印尼语、捷克语等。

很多有成就的外国文学工作者都在我们编辑部工作过，且不说几位主编，如茅盾、曹靖华、冯至、陈冰夷、叶水夫，编委中也有一大批大翻译家、大学者，如董秋斯、季羡林、萧乾、卞之琳、戈宝权、林林等。

1962 年我调到《世界文学》时，编辑部主任是邹荻帆，副主任是李芒。

邹荻帆是诗人，在 40 年代他也从事过文学翻译工作，译过美国诗人惠特曼的诗，甚至从英文转译过俄罗斯诗人叶赛宁的抒情诗。但他的贡献更大的是创作而不是翻译。我总觉得，他在《世界文学》当编辑部主任，天天为烦琐的事务性工作所缠绕，对他来说有些屈才。但那时听从上级的安排是绝对不可动摇的，更何况他与胡风有过牵连，受过批判，这也成了他不便提出个人要求的原因。

"文化大革命"期间，批判本单位的"走资派"时，他成了被批判对象。我与他关系比较好，那时，所谓大批判就是"军宣队""工宣队"领导一切的一场闹剧。我还记得批判他时，几位较好的朋友故意把嗓门提得很高，上纲上线早已超乎实际，越离奇越好，这样，就无据可查。记得在一次批判会之后，我们在厕所相遇，他悄悄地对我说："批得好！"并感激地摸摸胸，点点头，只有我们才理解彼此的心情。

后来，在他一再要求下他被调到《诗刊》去了，不久就担任了该刊的主编。他在《诗刊》发挥了更大的作用，对我国新时期的诗歌发展做出了突出贡献。邹荻帆晚年还创作了一部长篇小说《颤动的心弦》。记得他对我说："我现在的状况还可以写大部头的作品，再过几年，思想难以照顾全局时，我只能写些短诗了。""文化大革命"后，我们几乎天天互访，无话不谈。后来，我搬了家，离他远了。又过了几年，他因病去世，我失去了一位知心朋友。

李芒也是东北人，很早就学会了日文，长期从事电影工作，为我国读者引介了很多日本优秀的作家与作品。他在《世界文学》工作的后期，认真研究日本俳句，引起我国诗歌界的重视，他本人用汉、日两种文字写了不少俳句。他还写得一手好书法，他为日本友人写的书法作品深受日本同行的重视。

邹荻帆离开《世界文学》之后，李光鉴担任编辑部主任。他早年在对外文委工作，担任过楚图南的秘书，译过不少惠特曼的诗。李光鉴性情急躁，喜欢争论，不管大事小事动不动就要争论一番。他的汉文修养很深，本人是诗人，译文很好。他这个人性格突出，给我留下的印象很深。我喜欢他的诗，也喜欢他的书法，可惜几次向他索求墨宝都未得到，可能因为我没能满足他向我要画的要求。其实我画了两幅，知道他的要求很严，想让他从中挑选一幅，但在他离休之后，我们几乎没有见过面。

　　李文俊和苏杭是我一调到《世界文学》就在一起工作的同事。

　　在《世界文学》筹备创刊时，李文俊就调来了，是《世界文学》最老的同志之一。我们共事多年，每次我读白字时，他总是悄悄地纠正我。有一次，我念错了人名，他来到我面前一边为我倒水，一边悄悄地说出那个名字应当读成什么音。李文俊在《世界文学》期间成长为美国福克纳研究专家。他工作有主见，有魄力，退休后，仍然孜孜不倦地钻研福克纳，译了一部又一部福克纳的大作，为此，他获得过奖励。1998年，中国翻译工作协会换届时，李文俊被选为副主席，这是对他翻译工作的肯定，也是翻译界对他的信任。

　　苏杭在《世界文学》工作期间确定了自己的翻译方向——诗歌。早期译过《莫比特狱中诗抄》，在社会上有一定的影响。后期则把精力集中在叶甫图申科和茨维塔耶娃的作品上。苏杭工作很认真，对每一行诗句都是反复推敲、仔细琢磨，也许正因为如此，他译的诗备受读者喜爱。

　　张孟恢和杨仲德两位同事是上海时代出版社的老人，都译过不少俄苏文学作品。张孟恢翻译了一些萨尔蒂科夫·谢德林的小说，原文极难，但他处理得很好。杨仲德没有专门研究某一位俄苏作家，但难译的文稿，总是由他来完成，他给自己起了一些玩世不恭的笔名，如"范通"等。

　　金志平是我们当中年纪稍轻一些的法国文学专家，他工作踏实，不喜夸夸其谈。20世纪90年代中期他担任《世界文学》

主编时，同事们仍然亲切地呼他"小金"。我的一些法国文学知识，大部分来自金志平的介绍。

我与他还有一层情谊。1970 年，我们外文所下放的"五七"干校回京以后，长期没有恢复工作，《世界文学》也没有复刊。那时，我在画一组马克思与恩格斯的组画。那套组画共 57 幅，有 200 多个人物。我身边的亲友、左右邻居，都成了我的模特。金志平是最积极支持我的一位好友。那时，只要我提出要求，他就会来到我家，给我摆出我画中人物所需要的姿势。我画《新莱茵报》工人的场面时，需要上身裸露的形象。记得作画时正值冬天，室内温度较低，金志平毫不犹豫地脱掉上衣，露出他的上身。

《世界文学》的同事，每个人都有很多值得回忆的地方——冯秀娟的体贴，唐梅的原则性，唐玉梅的敬业精神，邵明瑞和庄家宁的工作魄力，金晶的泼辣，邵殿生的认真，罗婉华的委婉，张小军的编辑才华。我到《世界文学》之前，已知道两位女作家冯宗璞和陈敬容在那里工作了。我读过她们的作品，没有想到，由于工作调动而认识了这两位才女。

冯宗璞在编辑部负责英美文学，但读者更知道她是小说家。她的作品常常引起文艺界的争论，左派认为她的作品人情味太浓，缺乏政治激情。记得我刚到编辑部时，开会批评冯宗璞的小说。《世界文学》领导找我谈话，说上级指示要批判冯的小资产阶级情调，让我发言，说我正要求进步，这是对我的考验。如今，每次回忆起当时的情景时，心里就恶心。讲违心的话，伤同事的心。

后来，我或明或暗地表示歉意，冯宗璞对过去的事似乎不屑一顾，从未提及。有一次，我为她画了一幅漫画像，并请她签名题句话，留作纪念。她写了一句"正看还是倒看"。我不理解她的用意，也没有要求她作个说明。至今我还在想，她写的是什么意思呢？

陈敬容是编辑部一名能干的女性——翻译家、女诗人。我国诗坛九叶集中的唯一女性。她一度住在和平里，我们相隔一条街。有时，我到她家中去做客，听她回忆过去与诗人们的交往。她对俄罗斯诗歌很有兴趣，有一次，我把自己对阿赫马托娃的印象讲给她听，她要求看看阿赫马托娃的作品。有一天，她写了一首献给阿赫马托娃的诗，她把阿赫马托娃变成了"阿赫马"，我说，这样行吗？她不以为然地表示"没有关系"。

能和这些才华横溢的翻译家、作家在一起工作，耳濡目染，潜移默化，我学到了不少知识、翻译技巧和编辑方法，思想水平也得到提高。"文化大革命"以后，到了20世纪80年代，我们一批相对年轻的几位外国文学工作者承担了主编的重担，我之后是李文俊、金志平、黄宝生。

我在《世界文学》工作的后期，编辑部来了几位新的同事，他们是张小军、李政文和严永兴。

《世界文学》是了解外国文学与艺术的窗口、桥梁

有人说:《世界文学》是了解外国文学与艺术的一个窗口。

有人说:《世界文学》是沟通中国文化与外国文化的一座桥梁。

在市场经济的大环境中，在物欲横流、大众文化下滑的年代，有人又赞扬《世界文学》是一块"净土"。

我们这些在《世界文学》工作的人员能听到这类表扬，心中当然感到自豪，说明我们没有辜负读者的期望。当然，我们知道工作中还有很多不足。

离开《世界文学》杂志的岗位以后，我常常回忆自己生命中那一段紧张而愉快的时光。

《世界文学》虽然受过闭关锁国的影响，吃过文艺思想"左"的苦头，但在引进古今外国文学精品方面还是很有成绩的，老一代的编辑们为此付出了很多心血。

党的改革开放政策调动了编辑和译作者们的积极性。《世界文学》这个窗口开大了，介绍外国文学的工作有了新的起色。外国文坛的奇花异卉，给我国读者带来了新鲜感。

想当年，苏联文学作品在《世界文学》占有过重要的地位，而随着两党意识形态的分歧，苏联文学从我们的刊物上消失了。复刊初期，我们重新认识苏联文学，发表苏联新作品时还附上批判文字，说明我们当时的态度。随着两国关系正常化，苏联文学作品重又赢得了应有的席位，一批新的名字出现在我们眼

前：舒克申、阿斯塔菲耶夫、拉斯普京等。我们还有重点地把阿赫马托娃、帕斯捷尔纳克、曼杰尔什塔姆等过去在苏联被禁止发表的代表作品也发表出来。与此同时，我们还介绍了苏联非主流的现代主义作家的随笔、散文与诗歌。苏联文学在《世界文学》读者的心目中再不是单色的，出现了多样化。

《世界文学》注意到拉美的"文学爆炸"并较早地把它的代表作，如加西亚·马尔克斯的《百年孤独》、巴尔加斯·略萨的《酒吧长谈》等小说引进到中国来。这些作品给我国文艺界展开一片新的文学世界，在我国文学界产生了巨大的影响。

《世界文学》一向审慎地对待外国获奖作品。我们并不认为国外获奖作品篇篇都是上乘之作，但有必要让我国的读者掌握世界文学动向的最新信息。从 20 世纪 80 年代起，我们依次介绍了获得诺贝尔文学奖的作家和他们的作品，从希腊的埃利蒂斯、波兰的米沃什、奥地利的卡内蒂到 1999 年的得主德国的君特·格拉斯。早在 1987 年，当我们准备发表格拉斯的中篇小说《猫与鼠》时，他给本刊读者寄来一封信，写道："我是在第二次世界大战前长大的，根据自己的认识，我在《猫与鼠》里叙述了学校与军队之间的对立，意识形态和荒谬的英雄崇拜对学生的毒化。对我来说，重要的是反映出在集体的压力下一个孤独者的命运。我在撰写这部中篇小说时绝对不可能料到，这个我自以为过于德国式的题材会在国外引起如此广泛的兴趣。早已改变了这种看法的我非常高兴中国读者现在也有机会熟悉我的这个带来死亡的猫与鼠的游戏。"

　　这些年里,《世界文学》这扇窗口, 比较充分地展示了一些小语种国家的文学, 如罗马尼亚的斯特内斯库、捷克的赛弗特等赢得世界荣誉的作家和他们的作品。

　　我们是根据自己的研究有选择地介绍外国文学的。我们的读者接受这些作品的情况, 一直为我们所关心。1986 年, 编辑部在《世界文学》上刊出"我所喜欢的外国当代作家"征文, 殷切地盼望读者来稿。那时, 我上班的第一件事就是询问征文来稿情况。

　　来稿的踊跃使我们喜出望外。从来稿中, 我们看到近年来广大读者阅读兴趣变化之大和欣赏水平提高之快。来稿中有各行各业的人, 多数是"文化大革命"前后成长起来的一代人。

　　久违了的苏联文学引起不少读者的青睐。四川绵阳师专的李伟民对苏联作家艾特马托夫的作品有一种特殊的喜爱。他说, 艾特马托夫是"人民的歌手", "始终把表现苏联人民的感情放在第一位, 再现了几十年来苏联社会所经过的风雨历程, 揭示了人与人之间、人与社会、人与自然的矛盾, 批判了"左倾"思想, 对黑暗、腐朽的社会现象进行了无情的鞭笞, 热情地讴歌了普通劳动者的崇高理想, 塑造了人民英雄的群像"。

　　江苏余江县邓阜中心小学汪玉修在来稿中说, 他被苏联作家弗·阿斯塔菲耶夫"迷住了", 认为这位作家能以"独具的道德目光洞察人、人生及社会现象", 他"努力地探求社会生活本身所意蕴着的道德含义", 认为对渎职贪污等犯法行为应该绳之以法, "执法者的行为同样要经过道德价值准则的检验", 因此，他的作品"在思想内容方面显现出新奇的与众不同的艺术魅力"，"通过具体可感的艺术形象为我们认识和改造世界提供了新的方法和途径"。来稿认为，弗·阿斯塔菲耶夫的艺术表现手法"能使小说显示出超乎情节本身的含义"。

上海第三冷轧带钢厂的经纬中欣赏苏联作家阿纳托利·金，认为金是位"独特而又复杂的作家"，"以一个画家的感觉来涂抹属于他的那些岛、湖和春天"，"又以一个诗人的激情来咏叹美丽的大自然"，因此，"金的小说首先是画和诗，给人以美的享受"。

1999年夏天，我在莫斯科做客时，遇见了阿纳托利·金。我说，"你在中国有崇拜者"，并提到中国读者对他的作品的赞扬和对他的美的创造的欣赏。他十分高兴，说他确实曾经从事过绘画。他那天当场还给我画了一幅速写像。

我刊读者对美国文学也表现了异常的兴趣。这方面的来信不少，如广西玉林市文化馆梁思奇在来稿中谈及他喜欢"黑色幽默"派作家冯尼格，认为冯尼格"勇于暴露别人所忌讳和遮掩的丑陋"。四川蓬安县周口中学卢也认为美国作家保罗·塞罗克斯的小说是"用极其幽默而随和的笔调，来表现令人心伤的主题"的范例。卢也说，塞罗克斯是"一个真正热爱生活、严肃执着的作家"，他用圆熟的技巧，达到了发人深思的目的。

我们的读者从欧洲一些国家的作品中也找到了共鸣。辽宁丹东日报社的宋维洲推崇法国现代作家皮埃尔·加玛拉，因为他从加玛拉的作品中感受到这位作家"勇于正视人生"，不忘

"作家的社会责任"。

　　国家教育委员会研究生司李军说，几年来读了加拿大作家阿瑟·黑利的作品，觉得黑利的作品可读性强，"他不用大段的议论和心理描写去告诉你什么，而是用丰富多彩的情节，有血有肉的人物，让你自己去感知，去体会"。

　　江西余干县梅溪中学曹和圣喜爱德国女作家克·沃尔夫，因为她善于"从普通劳动者的身上反映出社会变革的风貌"。

　　安徽凤阳中学胡承炬说他喜爱德国作家棱茨，认为他的作品"总是诉诸人们的理智，启迪人们的良知……他比他同时代的人看得更高，想得更远，更清醒，更敏锐"。他"能艺术地、令人信服地传播真理，揭示谬误"。他"摆脱了模仿，集现代艺术手法之大成，且加以创新，逐渐形成了自己的现实主义风格"。

　　安徽师范大学中文系84级凌晓革在来稿中说："初阅罗马尼亚诗人斯特内斯库的《墙》，觉得很一般。仔细玩味后，觉得从平常中越来越强烈地辐射出震撼人心的力量。"他感觉诗人的素描像似"一团召唤灵魂的钟声"。

　　微型小说近年在世界上很受欢迎。星新一是日本这一体裁的重要代表人物。河南师范大学中文系85级魏守伦认为，"星新一的小说构思新颖，情节完整，结尾出人意料，富有戏剧性"，"在极短的篇幅内浓缩了丰富多彩的社会生活内容"。他还说："星新一的小说短小精悍，有话则长，无话则短……绝无赘言。"另一位读者，河北保定第十六中学的王连成，也赞扬星新一，说他始终保持严肃的创作态度，"不描写色情和凶杀场面"，"不追赶时髦"，"手法灵活多变"，"立意新颖奇特"。

《世界文学》的老译者、天津图书馆离休干部劳荣也给我们寄来了稿子，他推崇捷克作家杨·德尔达。劳荣认为，德尔达在文章中对人类社会美好的未来寄予热情的希望，"美好的明天和后天，需要开拓，开拓！"

总之，不管作家是哪一个民族的，生活在世界哪一个角落，优秀作家的优秀作品，通过《世界文学》这扇窗口走进我们的国家，都能找到知音。中华民族具有博大的胸怀，一切对世界、对历史、对人生、对艺术有真知灼见的作品，都会受到我国读者的欢迎。诚如一位读者所说，他"喜欢一切关心人类进步、富有思想而又才气横溢的作家"。读者的来信大大鼓舞了我们编辑的热情，我们意识到，只有更加努力和认真地选材，才能不愧对读者的厚爱。

1987年，《世界文学》又开辟了一个栏目。这次在专业方向深入了一步，请作家们笔谈外国文学。撰稿人中有老一辈作家如冯至、萧乾、叶君健等，也有文坛上颇为活跃的中青年作家，如贾平凹、莫言、邓刚、张抗抗、戴晴、赵玫等。

"我不懂外文，这是我要命的弱点"，作家贾平凹在《我读外国文学》一文中写道："19世纪以前的外国名著，大都在大学期间读过，读得十分起劲，做好多笔记。至今回想起来，那种机械分析的读法并不见得高明，多停留于自我夸耀之中，于自己的灵性的启迪则差。随着年龄的增长，随着创作实践的深入，便发觉自己多少有些受骗了，因为版本的不同，读到的内容不一，才知道任何一部译著，完全不是原来的面目。这犹如乡间老太太讲同一个故事，有的讲得有滋有味，有的只讲个完整明白的来龙去脉。以至到后来，读20世纪以来的作品，我主要是从其大作中汲取一种精神，一种境界，一种新的思维的结构罢了。"他又说："读大家的作品，对于描写的是什么题材，使用的是什么形式，我并不觉得十分重要，我只体会其中的大境界，体会其中的超越意识，体会其中的大的体系走向。我们现在的作品（当然我说得更针对我自己）要么死板一块，就事论事，拒不吸取一切新鲜，要么仿效皮毛，境界狭窄，小气小度。强烈的自卑基础上的自强，已经使我们产生了浮躁之气，甚至丢失了我们自己的一切面目啊。"贾平凹大概正是在不断总结自己的写作经验和阅读外国文学的心得中走向一个又一个新的境界，得到越来越多的读者的喜爱。

　　作家张抗抗谈到自己喜欢的外国文学作品时说："我无法说出我最喜欢的书，因为我喜欢的书太多了。最近刚读了中国青年出版社出版的一个美国短篇小说集《青春的梦》（冯亦代、郑之岱译），作者大多是美国的文学新人，写作手法更接近现实主义。但我觉得，要了解美国青年一代的精神生活，它也是一本很有趣味的参考书，况且译得也流畅干净。也许我能知道自己最不喜欢的书，但这里我不愿意说出来。我读书是喜欢将它的血肉与灵魂完完全全融合起来读的，突然有一日我便领悟到它们对于我，就像吃中药，尤其是像中药滋补品一般，使我的体内渐渐长着力气。"她继续写道:"我还想提到《世界文学》1986 年第一期选译的乔伊斯的《尤利西斯》和 1987 年第一期节译的巴尔加斯·略萨的《酒吧长谈》,感谢《世界文学》杂志的编辑工作者及时给我们提供不仅是有价值,也是最新鲜的文学食粮。当然,如果能够使我国的文学欣赏与文学借鉴,同世界各国优秀的文学作品连成一条有机的传送带,使那些有意思的新东西最快地到我们手中,我们将会多么开心!"

　　女作家赵玫认为,外国现代派艺术对我国文学的影响是一种"无形的渗入",这在某些作家的作品中已显现出来。谈到自己时,她说:"对于一个外国作家的喜爱,我一直以为是以精神气质的相接近为前提的。接下来,便是你对他的感情方式、结构方式、表达方式、语言方式认同、接受和喜爱。譬如说即或同是现代派作家吧,你的喜爱也是有选择的。我更喜欢法国新小说派作家的作品,罗伯-格里耶、西蒙和杜拉,这以下还有乔伊斯、福克纳、沃尔弗。当然,这也是一种无形规则下的取舍。因为我在读他们的小说的时候,不仅是兴趣、阅读快感,甚至连感情的波动都能贯彻始终。这大约就是气质所致。当然,我至今并不敢说我就读懂了他们的作品,但至少我喜欢读而喜欢的原因有时候只是因为一个句子,一个画面的描述或是一个绝妙的标点或无标点。"作家莫言在来稿中分析了他喜欢哥伦比亚作家加西亚·马尔克斯和美国老作家福克纳的原因。他把这两位外国作家视为"两座灼热的高炉",说自己的作品在思想上和艺术手法上都受到了外国文学的影响,而对他"影响最大的两部著作是加西亚·马尔克斯的《百年孤独》和福克纳的《喧哗与骚动》"。

面对外国文学的典范，莫言明确了自己的写作方向。"我如果不能去创造一个、开辟一个属于我自己的地区，我就永远不能具有自己的特色。我如果无法深入进我的只能供我生长的土壤，我的根就无法发达、蓬松。我如果继续迷恋长翅膀老头、坐床单升天之类鬼奇细节，我就死了。我想：一、树立一个属于自己的对人生的看法；二、开辟一个属于自己领域的阵地；三、建立一个属于自己的人物体系；四、形成一套属于自己的叙述风格。这些是我不死的保障。"像这样的精辟见解，形成了"中国作家谈外国文学"的核心思想，说明我国作家有充分的能力消化与批判外来的东西，并开辟自己的天地。读者如有兴趣的话，不妨翻阅一下当时的《世界文学》。在这里我就不赘述了。

我们虽然只刊出我国 20 位作家的笔谈录，但文章的含金量高，涉及的问题广泛、挖掘的内蕴深厚。《世界文学》编辑部的同仁们从他们的文章中感受到我国的作家们如何善于汲取和消化外国文学营养，意识到今后必须把杂志编得更深入、更系统、更全面，以满足大家日益增长的文化需要和作家们的高度要求。这是时代的召唤，是《世界文学》的历史使命。

外国诗的介绍在《世界文学》中占有很重要的地位，诗的接受程度如何呢？大家在编辑部碰头会上常常谈到这个问题，更何况我们编辑部里有好几位同事都是翻译诗歌的老手，如李文俊、苏杭、李光鉴等。

　　我也从事诗歌翻译。我认为，要了解诗的真髓只能通过诵读原作。但读者中通晓外文的人永远是少数，因此，只好借助于译文。我还认为，如果通过译作来了解外国诗，最好是通过诗人的译文。诗人译的诗数量有限，更多的是专业译家的成果。那么，中国诗人如何接受外国诗呢？

　　1989 年，《世界文学》开辟了"中国诗人谈外国诗"栏目，我们请诗人们发表意见。来稿者可分为四代人，即 20 世纪 30 年代的冯至，40 年代的邹荻帆、陈敬容、袁可嘉、蔡其矫、郑敏、杜运燮、罗洛，新中国成立后的邵燕祥、雷抒雁、刘湛秋，"文化大革命"后的叶延滨、王家新、大仙、海子、西川等。那时，冯至先生已 84 岁高龄，西川只有 26 岁，而海子才 25 岁。年龄的悬殊可以反映出不同时代的诗人对诗的不同看法与感受。来稿说明我国诗人对外国诗可谓相当熟悉，对一些作品的分析也相当有见地。

　　冯至先生写诗也译诗。他的创作对我国的诗界有一定的影响。他是把外国十四行诗移植到我国来的先驱，他受里尔克的启示，开始写自己的十四行，尽量不让外国十四行传统的格律约束自己的思想，而让一个中国人的思想能在十四行结构里运转自如。正如冯至在自己的十四行里所表示的——

　　　　　向何处安排我们的思想？
　　　　　但愿这些诗像一面风旗
　　　　　把住一些把不住的事体。

冯至相信，人世上，尤其在文艺方面常常存在着一种姻缘。"这姻缘并不神秘，它可能是必然与偶然的巧妙遇合"。冯至先生道出了外国诗的形式被中国诗人移植过来以后，同样可以发挥应有的作用。

女诗人陈敬容 20 世纪 50 年代曾是《世界文学》的一位编辑。她说，青年时代，在开始文学创作的同时，她逐渐同外国诗有了接触。起先读一些浪漫主义的，继而是古典主义的、象征主义的，以及其他的，等等。那时期读到的一些外国诗，或以它们的瑰奇丰美，或以它们的纯净和谐，带领她走向广阔的艺术天地。"随着岁月的流逝，"她说，"我同外国诗的接触范围逐渐扩展，兴致也时有变异。但有些诗篇同我的心灵之间似乎存在着一种微妙的默契，那是连时间也难以磨灭的。"诗人的心是能够沟通的，能够超越时空，把彼此联系起来。通过理解诗人的心，我们可以理解民族的命运与国家的演变。

青年诗人海子在文章中倾诉了对德国诗人荷尔德林的热爱。他诵读的诗是原文还是译文，我不知道。海子说：

荷尔德林的诗，歌唱生命的痛苦，令人灵魂颤抖。

从荷尔德林我懂得，必须克服诗歌的世纪病——对于表象和修辞的热爱。必须克服诗歌中对于修辞的追求、对于视觉和官能感觉的刺激，对于细节的琐碎的描绘——这样一些疾病的爱好。

　　从荷尔德林我懂得，诗歌是一场烈火，而不是修辞练习。

　　诗歌不是视觉，甚至不是语言，她是精神的安静神秘的中心。她不在修辞中做窝，她只是一个安静的本质，不需要那些俗人来扰乱她。她是单纯的，有自己的领土和王座。她是安静的，有她自己的呼吸。

　　海子的这篇《我热爱的诗人——荷尔德林》写于 1988 年 11 月 16 日，1989 年 4 月面世，那时他已经离开了人间。海子的文章给我们的刊物带来了青年人的气息，海子的死使我们怀念不已。

　　刘湛秋对俄罗斯诗歌特有的忧郁的阐述写得动情，他对希腊埃利蒂斯的诗的迷恋写得感人。他说："我喜爱这种有颜色有声音的语言。虽然已经通过中文的翻译，但你仍然能呼吸到热烈。"刘湛秋热爱外国诗，可是构成他的诗的灵感本身和语言色彩的是他深爱的中国土地和中国的男女。这是中国诗人共有的特点。

　　中国诗人关注外国诗人的作品，注意它的发展趋向。罗洛说得好："我们是在同一个时代生活在同一个地球上，面临着同样的或者类似的问题，在诗歌艺术上的探索有相异之处，也有可以认同之处。尽管他们各自有不同的文化背景、民族特色和创作个性，然而他们的作品都同样能引起我的思考并给我以启迪。"记得我们一同出访缅甸时，罗洛说过，中国新诗从它诞生之日起，就是世界诗歌文化的一部分。中国新诗从外国诗中汲取营养的同时丰富了世界诗歌文化。

20世纪的世界，有几个民族能像中国这样经受了那么多翻天覆地的变化，流了那么多的血与泪，为了新的国家的兴盛献出了那么多英雄儿女？这对于作为民族的喉舌、真理的声音的诗人来讲，是何其珍贵的财富！我国的优秀诗作不仅闪烁着生命的光辉，还渗透着悠久的文化历史传统。同时，我国诗人重视外国诗作，借鉴它们，充实自己，进行创新。从世界角度来看，我国现代新诗成就相当大，可惜外国对我们的理解远远不够。这从我们刊物对外国作家的调查中可以找到证明。

1989年，《世界文学》向国外一些著名文学家提出五个问题，请他们回答。其中问题之一是："您是否读过中国文学作品？有什么看法？"

他们的回答是可悲的，但那是不容否认的事实。他们对我国文学知之甚少，对今天活跃于我国文坛的作家，只知三五人，也只读过他们很少几篇作品。

日本是我们的近邻，文化有相通之处，日本作家与我国作家有较多的交往，他们阅读中国文学作品相对来说比欧洲人容易些。可惜，他们对我国新时期的文学也很陌生。他们了解的主要是四五十年代的作品。最近几年，情况有所变化，但与我们的愿望相差甚远——

最近我阅读或重读中国现代作家的作品有：老舍的《四世同堂》，巴金的《家》《寒夜》《随想录》，丁玲的《太阳照在桑干河上》，冰心的《超人》《寂寞》，萧军的《第三代》《同行者》，赵树理的《李家庄的变迁》，刘白羽的《亚洲作家会议的同事、同志》，郭沫若的《历史的研究》。（日本，野间宏）

最后，他提到新时期的三位作家的作品，即王蒙的《淡灰色的眼珠》、邓友梅的《烟壶》和乌热尔图的《一个猎人的恳求》。

我经常读中国的文学作品，我特别钦佩的是《史记》、杜甫的诗和鲁迅的几乎全部作品。（日本，加藤周一）

我应该读中国的新小说。（日本，曾野绫子）

显然，那时她还没读过中国的新小说。

我们再听听欧洲作家的声音——

我只读过一些，很少。（法国，罗伯－格里耶）

罗伯－格里耶为中国读者所熟悉，可惜他对中国的文学却读得很少，似乎也没有留下什么印象。

　　我们对中国文学至今了解很少。这部分地是由于语言上的困难，部分地是由于中国与西方之间的文化交往太少，尤其是在所谓的"文化大革命"期间，除了一些政治宣传之外，到达我们那里的书数量极少。在中国 20 世纪文学中，对于我们来说相当知名的作家有鲁迅、巴金、茅盾，还有文化转播者林语堂，然后就是一些诗集和小说集。有些古典名著如《红楼梦》早已被翻译，但是卓越的庄子著作最近才得以译出。庄子的哲学寓言是最使我受感动的，我想也是最使我受影响的。我不止一次地读它，不时拿起来重读几页。鲁迅也是我很喜爱的作家。现在开始翻译一些当代诗人和小说家的作品，开始建立有利于相互了解的文化关系。（意大利，路·马莱尔巴）

这位先锋派重要作家谈到我国现代作家时，他只读过"译成法文的王蒙的小说集《蝴蝶》"。

　　在小时候，我有过一本中国传奇故事的小书，我非常喜欢它。可惜，在战争年代我家毁于兵燹纷乱之中，那本小书也弄丢了。在我成年以后，我阅读过许多中国作家的作品，从鲁迅到老舍都很熟悉。萧军的长篇小说《八月的乡村》是我所推崇偏爱的，因为我不仅从中学到不少有用的东西，更重要的是它使我

懂得了为信仰而斗争的意义。从毛泽东的著作中，我
吸取了气势磅礴的力量和一种坚定的信念，那就是我
们自己身上具有取之不尽的资源，在我们最需要的关
头，我们应当想到如何把这些资源调动出来。（挪威，
爱·西伯里）

我读了全部翻译成波兰文的中国古典文学作品，
从屈原到《红楼梦》。我也读过英译和俄译的作品。

我最喜欢鲁迅的短篇小说。（波兰，茹克洛夫斯基）

另一位波兰著名小说家布拉特内对我们的这一问题没有回
答，看来他感到为难。

再听一听拉美作家的声音——

我们对你们的文学，对你们的作家，了解得太少
了。巴西读者只读过很少一点中国古典文学作品，对
中国现代文学，几乎一无所知。（巴西，亚马多）

《世界文学》早在 50 年代就介绍过亚马多的作品，1981 年
又刊发了他的中篇小说《金卡斯之死》。他的小说很受读者欢
迎。1987 年，75 岁高龄的亚马多再次来到我国，接受了《世界
文学》的采访。当时，他和他的夫人对中国的印象极好，可是
对中国的新文学却讲不出什么。

　　我很少有机会读中国作家的作品，但是我通过评论文章了解一些中国作家。在我所知道的中国作家中，我最喜欢读的是鲁迅的作品，如《狂人日记》《阿Q正传》等。这些作品写得很好，它们真实地反映了旧中国的人们的愚昧和落后，表现了社会制度造成的罪恶。在哲学方面，我了解中国古代孔子的思想；在思想领域里，我了解毛泽东，并且读过他的诗篇。他的理论著作洋溢着革命道理，他的诗歌充满了哲理。（哥伦比亚，曼·萨帕塔·奥利维利亚）

苏联作家在50年代与我国作家来往最多。那时，苏联翻译出版的中国小说数量日趋上升。后来两国关系紧张，相互攻击代替了文化交流，中国的文学作品不再被介绍。时过近20年，我们向几位苏联作家提出有关文学问题，鲍·瓦西里耶夫的回答是：

　　很遗憾，我们对贵国文学的了解比你们对我国文学的了解要少得可怜。我记得你们50年代的战争小说；随后艰难时期到来，对你们的情况我们全然不了解。就在不久之前我们又开始翻译出版中国作家的作品（尽管还很不够）。我读过王蒙、谌容、蒋子龙的作品，但最使我感到亲近的是冯骥才的作品。他最优美的、伤感的、细腻的作品是《啊》，我看到了作品契诃夫式的辛辣讽刺，看到了果戈理为普通小人物忧心如焚，这也许可以说明我为什么对冯骥才的创作特别关注。

鲍·瓦西里耶夫是我国读者熟悉的作家。他的中篇小说《这里的黎明静悄悄》在《世界文学》复刊时就翻译发表了。根据小说改编摄制的同名影片是多年不曾公演苏联影片的第一部在我国电视上同观众见面的影片。1986 年，我国还上演了根据这部小说编成的歌剧。

现代派诗人安·沃兹涅先斯基的回答是：

　　我读过鲁迅的作品，阿赫马托娃翻译的诗歌。我确信，那不是真正的中国文学。因为中国的诗里有中国的文采，中国的表现力，有汉字。我认为不能借助于翻译了解中国诗歌。所以，我觉得，真正的中国文学应该如我写的造型诗那样，既是诗画又是诗文。我更多的是通过绘画来感受中国人的心灵及心理。如齐白石的作品。他的作品对我有影响……因为这些作品不需要借助翻译就能理解。我认为，只有我到了中国，我才能理解中国的诗。因为我们读到的那些翻译的中国诗歌，只有表面的意思。而意思，并不是诗歌。

小说家格·巴克兰诺夫说：

很惭愧，我对中国文学所知不多。当然，我读过而且高度评价鲁迅，我读过赵树理、袁珂《中国古代神话》、丁玲、郭沫若，读过列·艾德林翻译的中国古典诗歌。就在不久以前，我还怀着极大的兴趣读过张贤亮的中篇小说《绿化树》。

苏联作家协会书记处书记、诗人罗·罗日杰斯特文斯基说：

还是在童年的时候，我就对中国所发生的事情产生了兴趣，而接触中国文学已经是在文学院里了。至今我仍然能够记得杜甫、李白及其他古代诗人的作品所给予我的感受。（这些诗人的作品在我国翻译得十分出色！）我也了解中国小说（包括古代的和现代的），从《红楼梦》到鲁迅的作品。

我还记得，丁玲访问我们文学院并向学生们发表了演说。如果我没有记错的话，那是 1952 年的事情。

中国现代小说及诗歌在我国引起巨大的兴趣，但是直到现在，我们翻译得显然很不够，我想，今后翻译的数量一定会急剧增加，质量一定会大大提高。已经决定出版 40 卷集的中国文学丛书。

与其他国家相比，苏联作家对我国新文学还是比较关心的。他们感到我们了解苏联文学与他们了解中国文学的差距甚大。

他们曾制定过一些计划，准备出版更多的中国新时期的文学作品，但未及实现，苏联就解体了。出版界与整个社会一样，在私有化过程中一度陷入混乱，翻译出版我国新时期文学作品成了泡影。

我认为，一个国家的文学若想在国外赢得广大的读者，首先，本国要有传世佳作；其次，外国要有上乘的译本。译者需要精通两国的文字，而这种人才在任何一个国家都不多。苏联汉学家艾德林是位优秀翻译家，他孜孜不倦地致力于翻译中国古代诗词。他的译文较好地传达了中国诗词之美，所以征服了一批苏联读者。可惜，他于1985年访华回国后便逝世了，能达到他的翻译水平的人在苏联寥若晨星。苏联解体后，由于经济不景气，很少见到中国文学新的译著问世。年轻的译者们多数把自己的才智用在商贸方面，文化交流领域就缺少能人了。

我这里记述的仅仅是我在《世界文学》编辑部工作期间的一些情况。近年的信息告诉我：东欧西欧、北美南美、亚洲非洲……都有有远见的人士在努力翻译出版我国新时期作家的作品，像王蒙、冯骥才、张贤亮、张洁、张抗抗等人的名字与作品越来越为外国读者所熟悉。

我们无权责备外国人对中国新时期文学不了解，或了解甚微，但世界不了解我国今天的文学毕竟是不正常的现象。看来，我们打开窗户可以引进外国文学作品，而要使我国文学走向世界，就需要中外从两岸架桥。桥搭得越宽，交往就越畅通，文学创作也就越繁荣。

在异国

赴莫斯科参加翻译家国际会晤

1983 年 11 月 28 日，应苏联作家协会的邀请，我和老前辈戈宝权先生前往莫斯科出席第六届苏联文学翻译家国际会晤。

戈宝权先生已有 25 年没有到过苏联了，我最后一次路过莫斯科是 1963 年，从那时起到现在，也已 20 年了。苏联有哪些变化？苏联人近况如何？同行们有何成就？国际翻译家会晤怎样进行？……这些问题都在我心海中翻腾。俄苏文学在我国一直有众多的读者，我想到俄苏文学在中国的研究、翻译和出版情况：党的十一届三中全会以来，我国外国文学研究事业有了突飞猛进的发展。我们克服了极左的影响，摆脱了片面强调为政治服务的倾向，在介绍外国文学时，既注意到它的思想内容，也考虑到它的艺术特点。在这短短的几年中，新介绍的苏联作家就有 100 多位。这与我国辛勤地从事研究、翻译工作人员的努力分不开。那时候，我国老一辈苏联文学翻译家大多还健在，其中有些人青春焕发，在译苑继续耕耘；中

1983 年高莽在苏联文学第六届国际翻译研讨会上发言

年翻译家们大显身手，使翻译水平逐步提高；与此同时，社会上涌现出一大批新的翻译工作者。

飞机到达苏联首都时，正是当地时间中午 12 点。久违了，莫斯科！

苏联作家协会派出外委会负责社会主义国家部的主任阿历克山德·拉祖特金和工作人员安托尼娜·洛马金娜迎接了我们。由于中苏两国的文化交往长期中断，苏联作协已经没有通晓中文的干部了。安托尼娜 30 岁出头，在蒙古人民共和国留过学，是蒙古文学的专家。访问期间，她负责照顾我们的日常生活。我们首先去拜访苏联作协。出面接待的是作协书记尤利·沃罗诺夫，他是一位诗人，他向我们介绍了这次会晤的活动计划。

这是第六次苏联文学翻译家国际会晤，第一次是在 1967 年举行的。这次应邀出席会晤的有 30 多个国家的代表，按国名的俄文字头排列依次是：奥地利、阿富汗、保加利亚、英国、匈牙利、越南、德意志民主共和国、希腊、埃及、印度、伊拉克、西班牙、意大利、中国、古巴、墨西哥、蒙古、挪威、波兰、葡萄牙、罗马尼亚、苏丹、美国、土耳其、芬兰、法国、德意志联邦共和国、捷克斯洛伐克、瑞士、南斯拉夫和日本。苏联出席会晤的有小说《永远 19 岁》的作者巴克拉诺夫，《铁匠桥》的作者丹古洛夫，散文集《弗拉季米尔州的条条小路》的作者索洛乌欣，诗人阿里格尔、多马托夫斯基、奥库扎瓦、罗日杰斯特文斯基，评论家奥泽罗夫、苏罗甫采夫等。他们的作品在我国都有译文或译本。另外，苏联作协还派出了阵容强大的文学翻译家队伍，有艾德林等老将。

外国翻译家中有的人多次出席过这种会晤，如美国莫尔顿夫人就是其一。她身材瘦小，看外表年龄在 60 岁左右，说话文雅，待人客气。她告诉我，她每次会晤都出席了，前后到苏联来过 17 次，回国后写过不少篇论述苏联的文章，翻译过楚科夫斯基等苏联作家的作品，自己也写过几部书，后来专门研究儿童文学。她把一本美国儿童作文的复印本赠给我，希望我们看看孩子们的作业，了解他们的期望，当然更希望能在中国刊物上翻译发表。

出席会晤的翻译家们的俄文讲得都蛮好，有些人与俄罗斯人有血统关系，有的则是俄裔的他国公民。希腊女翻译家吉拉·齐纳女士性格豪爽，爱开玩笑。她说，她出生在苏联，父亲是希腊人，母亲是俄罗斯人，童年时随双亲返回希腊，后来与齐纳结婚。"'齐纳'，"她高声地说，"就是希腊文中的'中国'二字。"她盯着我，看我有什么反应，然后接着说："我们是'中国人'，总得亲眼看看我们的万里长城呵！"她开心地笑了，连眼睛也笑了。她从事四种文字的翻译活动：希腊文、俄文、英文、法文。她还写了几部小说，有一篇获得希腊文学奖，另一篇译成英文，由美国电台广播过。

出席会晤的也有初次来访苏联的人。我们在俄罗斯旅馆里结识了土耳其翻译家穆罕默德·奥兹久里，他翻译过陀思妥耶夫斯基、托尔斯泰、果戈理、契诃夫等人的著作，获得过哈桑·阿里·艾迪扎奖，但是从未来过苏联。我问他："在土耳其出版一部艾特马托夫的中篇小说（约为中文七八万字），从发稿到装订成书需要多长时间？"两个月。"他不假思索地回答。后来，我跟日本的草鹿外吉教授交谈时，也把同样的问题向他提出，他的回答是"一周。"我想到我国的出版情况。看来，我们需要尽快地赶上去，才能和时代的步伐合拍。

1983年11月28日上午10时，在莫斯科以法捷耶夫命名的中央文学家之家的大礼堂里聚集了数百人。主席台上除了苏联各界代表人士之外，还有国际翻译家协会的代表。苏联作家协会书记处书记费德林院士宣布大会开始。费德林是苏联著名的中国学学者、苏联科学院院士，曾长期在中国工作，后来担任过苏联外交部副部长的职务。他举止庄重，看上去完全不像一位年过七旬的老人。

苏联作协书记处书记巴鲁兹金代表苏联作协与第一书记马尔科夫首先致辞，预祝大会成功。他嗓门洪亮，有说有笑，他是这次会晤的实际组织者。在开幕式上致辞的还有莫斯科市作家协会第一书记费·库兹涅佐夫、全苏版权社副主席西特尼科夫、苏联国家出版委员会副主席斯拉斯契年柯、苏联和平基金会委员尼封托娃和国际翻译协会理事会主席李洛娃。

下午，圆桌会晤正式开始。会晤进行了五天，先后发言的有57人。据东道主说，这是六次会晤中发言人数最多的一次。

会晤期间，很多人都谈到了文学翻译的重要意义。

保加利亚翻译家协会书记安娜·李洛娃从事德国文学与法国文学的翻译工作，写过几部有关翻译理论的著述。作为国际翻译家协会主席，她在致辞中说："翻译家的使命是在各国人民之间修架桥梁。""架桥"这一形象化的比喻颇得同行们的赞赏，苏联报刊上也不止一次地引用这句话。

苏联翻译家穆拉文把文学翻译事业比作哥伦布航海，它的作用是在世界文学的海洋中发现新的大陆。还有人说，"翻译家是神奇的语言大师"。有一位翻译家把自己的事业比作选择对象。他逗趣地说："翻译什么作品，如同找对象，只能根据个人的选择来进行。"奥泽罗夫通过一个历史教训，说明文学翻译的重要性与必要性。他说，屠格涅夫译过美国惠特曼的作品，但俄国文学刊物当时不理解惠特曼的创作意义，译文未予发表，从而使俄国文学接受惠特曼的影响至少推迟了 40 年。

戈宝权先生在会上回顾了我国从 20 世纪初叶以来 80 多年中翻译出版俄国文学与苏联文学的历史，特别是五四运动以来的传统。他说："我国当时的先进分子曾热烈地欢迎了十月革命。早期的马克思主义者李大钊在 1918 年为《新青年》写的《庶民的胜利》等文中，歌颂了伟大的十月革命，他还专门写过一篇《俄国诗歌与革命》的文学论文。"他指出："……在五四运动的第二年即 1920 年，北京就出版了由瞿秋白、郑振铎、耿济之等人编辑的《俄罗斯名家短篇小说集》。""1921 年《小说月报》出版了《俄国文学研究》专号，其中发表了由鲁迅、沈雁冰等许多人撰写的 20 篇论文，刊载了上起普希金下迄高尔基的 27 篇作品，还初次译载了赤色诗歌《第三国际党的颂歌》（即国际歌）。""1949 年中华人民共和国的成立，在翻译工作者面前展开了一片广阔的天地，并提出了新的更重大的任务。1951 年召开过第一届全国翻译工作会议，1954 年又召开了全国文学翻译工作会议，郭沫若、茅盾、周扬等同志都在会上作了重要的讲话，指出了大力开展翻译介绍外国文学工作的重要性。"

英国戴维斯女士以翻译俄罗斯诗歌为主。她在圆桌会议上第一个发言，她说："……过去，人们瞧不起普通翻译人员的工作。就拿我的妹妹来说吧，她是位很有才气的数学家和化学家。当我们俩都是大姑娘时，她常说：'我要得到一个有创意的结论，就需要大动脑筋；而你进行翻译，不过是借用他人的思想，你甚至可以不动脑子。'她的话使我在很长一段时间内以自己心爱的事业为耻。"她谈到现实中的情况时指出，电视片上或剧本中从不注明译者的姓名；翻译作品只在书的尾页用极小的字印上译者的姓名。她没有指她所讲的情况是在哪一个国家，似乎这是世界普遍的现象，其实并不然。戴维斯女士说，后来她得知翻译家在苏联被看成是创作人员，并吸收参加作家协会，她才开始为自己选择的翻译职业感到自豪。苏联作家协会发展翻译家为会员，在一定程度上吸取了中国的经验。记得 1954 年苏联召开第二届作家代表大会时，他们的作协领导人法捷耶夫、苏尔科夫、波列沃依等人都向我国作家代表团团长周扬同志了解过对文学翻译家的看法。我国新文学运动一直极其重视翻译文学，把文学翻译家视为自己队伍中不可缺少的人。而苏联作协中，当时翻译家会员为数甚少。

英国另一位翻译家别哈姆女士是以翻译当代苏联文学作品为主的，她的发言反映了资本主义社会的阅读情况和广告作用。她说："在英国，很多人是不看书的，他们只看廉价的、低级趣味的报纸。报上刊载的尽是裸体美女，还有各种各样的所谓'消息'，而这些'消息'按其幻想程度来说，常常超过最离奇的小说。"她认为，要想把翻译的文学作品推销出去，就得在西方大做广告。她说："西方任何一个商人、老板都知道，如果他不肯花大价钱做广告，他的货物就卖不出去。谁不晓得这句名言：'广告是商品的发动机。'"但别哈姆女士毕竟不是商人，而是英苏协会的副主席、翻译家，所以，当她的话题转到具体作品时，她提出这种希望："文学作品首先应当具有艺术优点，否则它的思想、意图都无法传播。赤裸裸的说教、乏味的宣传，是不为读者所接受的。"

意大利女翻译家焦瓦纳·斯本戴尔·德·瓦尔达发言时，在俄语中夹杂了大量的意大利语。她在国内写过一些评论文章，同时也译过卡达耶夫、舒克申、贝柯夫等人的小说。她认为，一部优秀的译作的形成是靠许多因素的，其中包括"精通外语，有一部好字典，十分熟悉原作者的创作，还要有一些朋友，随时可以得到他们的帮助"。她说："如果不了解屠格涅夫或契诃夫活动时代的文化和历史状况，就不可能译好他们的小说。"谈到文学语言时，她说："文学语言并不是抽象的东西，不是没有门窗的物体，民族的色彩和文化的气质将通过这些门窗透进来。"她认为："每个民族的语言都有自己的灵魂，如同每个人有自己的品德一样。翻译就是联结两种语言、两个灵魂的纽带。因此每部译本都必须有所妥协，如同两个不同年龄的人，或两个不同民族、不同风俗的人在旅途中相遇，他们都要住旅馆，而房间不够用，这时双方都应当有所妥协。"在翻译方法上，她主张译者应有一定的自主权。她说："翻译家的最主要任务是为读者提供翻译文学，他的译文读起来应当像文学而不像译文。因此，翻译家有权利，并且应当运用他在翻译时所允许的，甚至是必需的自由。"她认为，这样做可以避免译文中出现佶屈聱牙的句子。她说，大家"对文学翻译家的要求甚多，也许过多，甚至要求翻译家是位作家"。说到这里，她停顿了一会儿，笑着说下去："可是我们可以肯定，如果他是作家的话，那么他就不从事翻译而去写作了。"

这次与外国翻译家接触中，感觉到他们在翻译中更多注意的是译文的"达"和"雅"。意大利瓦尔达女士阐述的意见是如此，土耳其奥兹久里的意见也是如此。奥兹久里对我说："我在翻译时，考虑的主要是让读者能接受，所以常常对不能为土耳其读者所接受的字句作些改动。"

德意志民主共和国翻译家托马斯·列什凯译过高尔基、巴别尔、左琴科、布尔加科夫、格拉宁、雷特赫乌等人的小说和阿尔布佐夫、罗申的剧本。他的发言是给苏联出版单位提建议，希望苏联多编一些辞书，因为现有的俄语辞书已经满足不了翻译工作的要求。他说："我们缺乏词典……我对苏联出版界提个要求：给我们多编一些词典：黑话词典，当代流行词汇词典。

这对我们将是莫大的支持。"在翻译工作中，我们也常常碰到一些词典中没有收的词，要解决这一类困难，确实需要多编一些各类新词汇词典。

参加这次会晤的，有一些诗歌翻译家，他们的发言侧重于诗歌翻译问题。南斯拉夫的勃拉柯·平多夫斯基是斯科普里文化出版社社长。他说，社会主义共和国成立以后，政府对翻译事业十分重视。科学院院士米哈伊尔·别德鲁塞夫斯基博士因成功地翻译了希腊盲诗人荷马的史诗《伊利昂记》而被授予阿甫诺伊最高奖。他还介绍了南斯拉夫每年一度的国际诗歌节，届时总要出版两位外国人的诗集，这对诗歌翻译工作是个有力的推动，当时，用马其顿文已出版了多部《外国当代诗选》，优秀的译作可以获得"金冠"奖。

意大利的瓦尔达强调，要能把诗译好，就"要对诗的语言的各种成分有明确的认识，即语言、语法、节奏、韵律、修辞，特别要深刻了解原作者的诗的语言"。

英国戴维斯女士对诗的翻译有自己的见解。她认为，翻译家应该是"隐身人"，应当牺牲自己的个性，翻译作品中不应该有译者的个性。翻译家译诗时不应当是简单的"解说员"，而应当是诗的创作者。她的发言并没有引起争论，但我知道，苏联翻译界对这一点是有过不同看法的。

苏联翻译家在译诗方面有较长的历史，也有丰富的经验。特别值得重视的是苏联很多诗人本身就从事诗歌翻译工作。老一辈的阿赫马托娃、帕斯捷尔纳克、马尔夏克，后来的吉洪诺夫、苏尔科夫，当时苏联诗坛上活跃的中年诗人阿赫马杜林娜、卡扎科娃都搞翻译。我读过苏联一本论述诗歌翻译的著作，作者是埃金德。他认为，对苏联诗歌翻译的创作，学术界尚没有进行科学的研究与总结，重要原因之一是，译诗中能不能有译者的个性这个带根本性的问题还没有解决。他说，苏联长期以来流行一种观念，即翻译中不能有译者的个性。早在20世纪20年代，苏联有人要求诗歌翻译家们必须"忘掉自己的个性，只考虑作者的个性"（古米寥夫语）。几十年过去了，实践证明，一位译者即使绝对"无私"，也做不到"忘我"。雷里斯基是乌克兰著名诗人，我国翻译过他不少诗歌。他本人也从事诗歌翻译工作，他总结自己的翻译经验时写道："如果认为文学翻译只能有一种、唯一的一种忠实的译本，那么，我认为这种看法是错误的。不，在这项工作中不可能有任何划一，任何一成不变的规范……每个人有每个人的译法。"比雷里斯基晚一辈的诗歌翻译家列夫·金兹堡谈到自己的经验时，得出与雷里斯基同样的结论。他说："读《神曲》的俄译本时，您读的不仅是但丁的著作，同时也是洛金斯基的著作；……读莎士比亚的十四行诗的俄译本，不仅是莎士比亚的创作，也是马尔夏克的创作……在这个领域，谁要想了解作品的'真面目'，没有掺和任何杂质的'真面目'，那他只有去读原作。"埃特金德认为，译诗中有译者的个性，并非他有意让读者接受他的东西，实际上，这是译诗时注定不可避免的成分。

　　诗歌翻译中有很多问题值得探讨、研究，但探讨、研究在这种大型会晤中是难以深入的。我在圆桌会议上介绍了苏联诗歌在我国新时期的翻译与出版情况。当我们把我国出版的苏联文学译本转赠给苏联作协时，会场上发出一片赞扬声。可惜，苏联作家、诗人们完全不了解他们的作品在中国的命运。有一天，举行国际诗歌晚会，我遇见了老诗人阿里格尔。我告诉她，近来我们仍在翻译和发表她的诗作。她听到这个消息后非常激动。她拿出自己的诗集，让我标明哪些诗译成了中文。说来也巧，其中有一首诗，正是她那天要向广大听众朗诵的。沃罗诺夫和罗日杰斯特文斯基很高兴地听到了他们的诗用中文朗诵时的效果。叶甫图申科和卡扎科娃根本没有想到他们的诗作能在中国发表。当我向与会者介绍我国翻译并发表了维索茨基的诗歌时，苏联同行们感到出乎意料。维索茨基是著名的话剧演员，同时他也是一位风靡一时的弹唱诗人。不幸，他只活了42岁，但他的诗歌在苏联几乎是家喻户晓。维索茨基生前一位好友特地向我打听他的哪些作品在中国发表了，并转达了维索茨基父母的衷心感谢。

　　苏联著名翻译家艾德林博士在圆桌会上发言时，谈到了苏联翻译中国诗歌的情况。我国古代诗人白居易、陶渊明等人的诗篇能够博得苏联读者的喜爱是与艾德林的努力分不开的。我拜读过他的译作。他继承先师阿列克谢耶夫的传统，并在翻译领域开拓自己的道路。他追求的是准确地表达原作精神，用最洗练的文字揭示原文中丰富的思想内容。他注重格律、音乐感，没有强调韵脚。他的译文得到苏联社会的好评。我们在会晤期间几乎每天相见，临别时，他将自己的新作赠给我们，并要我们代他问候中国的老朋友们。

会晤期间，我更多地了解了文学翻译在各国所占据的不同地位，感受到文学翻译家们所共有的创作上的喜悦与苦恼。文学翻译是一门严肃的科学，是一种细腻的艺术再创作。文学翻译家是文化交流的友好使者，他们的劳动对于促进各民族之间的相互了解、发展各自的文学创作，起着难以估量的巨大作用。翻译真正达到高水平是很不容易的。我想到我国古典的和现代的文学珍品，它们越来越引起外国读者的重视与喜爱。我国也应当组织类似的会晤，邀请外国翻译家就某一位大作家（如鲁迅、茅盾、老舍或其他人）或一部文学作品（如《红楼梦》《西游记》《水浒传》等）进行学术讨论，为外国翻译家提供有关资料、解答疑难问题。这样做将有助于译文的准确性和艺术水平的提高，更好地传达原作的民族精神。

1983 年 12 月 4 日，出席会晤的各国翻译家们又聚集在文学家之家的大礼堂里举行闭幕式，同时颁发了四种奖：高尔基奖（7 人）、和平基金奖（5 人）、版权社表彰奖（12 人）、苏联作协表彰奖（14 人）。

戈宝权先生迈着矫健的步伐走上舞台，大家向这位从事俄苏文学翻译近半个世纪的翻译老将鼓掌致敬。他接过了红皮奖状和一枝殷红的石竹花，脸上露出谦虚的微笑。我望着他的背影，想到他在动乱的年代里挨过批斗之后对我说的一句话："翻译介绍俄国与苏联的优秀文学作品是我毕生的事业。"

　　12 月 12 日晚，我们又来到了谢列梅捷沃二号机场。拉祖特金和安托尼娜也在这里，初次见面时的那种拘束不见了，脸上流露出来的是惜别之情。当我刚要离开栏杆时，拉祖特金把我紧紧地搂在怀里。"你可知道，为什么俄罗斯人拥抱时这么用力？"他的声音有些激动，"为的是让心和心能贴在一起！"安托尼娜也走了过来："让我按俄罗斯人的习惯吻你一下！"

　　飞机在夜间起飞了。我们带着苏联作家、诗人赠送的著作，带着同行们的情意告别了莫斯科。窗外是灯火的海洋，像千万只晶莹的眼睛，仰望着我们。在飞机划破天空发出的嗡嗡声中，我怀着香甜的回忆，慢慢沉入梦中。当我再睁开眼睛时，窗外已是家乡的朝阳。

我对译诗的一点看法

　　几十年来，我翻译了一些俄罗斯文学作品，有诗歌、有小说、有剧本、有书信、有散文，等等。直到现在，我对文学翻译也没有形成一个定型的看法。时间在变、年龄在变，对翻译的看法也在变，特别是译诗。

　　20 世纪 50 年代，我译过马雅可夫斯基、吉洪诺夫、苏尔科夫、唐克等人的诗。他们的诗比较大众化，通俗易懂。"文化大革命"以后又译了阿赫马托娃、叶赛宁、曼德尔施塔姆、帕斯捷尔纳克等人的诗。他们的诗寓意太多，词语古奥，特别是后两位，译起来难多了。俄罗斯诗人的作品风格迥异，如何从译文上予以区别？在形式上我可能有所注意，但在用字遣词上做得还远远不够。在翻译过程中，有时为了选择一个适当的词而不得，或为了某个韵而不成，感到十分苦恼。现在还有一些未完成的译品，由于达不到自己的要求，仍搁置在抽屉里。

青年时见识少、胆子大，什么都敢译。如今，对翻译有了更多的领悟，便缩手缩脚了。

诗能不能译，仁者见仁，智者见智，各有各的看法。我想，不同的看法还会存在下去，没有一致的看法也许对翻译学有益处。

我认为诗不可译。诗是一种特殊的文体，它发挥的是母语的最大的功能，有时，一个词含有多种意思。俄罗斯诗人阿赫马托娃、马雅可夫斯基等人都讲过，他们的诗有的是无法译成外国文字的，尤其是喜欢别出心裁、热衷于创造新词的赫列勃尼科夫的作品。译成汉文的诗，表达不尽原诗的文字特色、语言的乐感和简练中蕴藏的丰富内涵。译成汉文的诗不等于原作。

同时我认为，外国诗应当译成汉文。原因很多，如：并非所有读者都通晓外文，等等。译成汉文的诗仅仅能称为"译文"。在译诗方面，我还在摸索，不知采用何种译法为好——有时想准确地表达原作的内容，有时想传达原诗的韵律，有时想追求原作中的一种精神，有时就是想把原作的形式借鉴过来。

我在译诗过程中，有教训，又不善于总结。如果硬要我说出自己崇尚的标准，那么，我的看法可以归纳为一句话："译成汉文的诗要耐读、有品位，应当是诗。"

我拜读过前辈诗人译的诗。吟诵时觉得有滋有味，确实是诗。然而有的译文一经核对原作，又无法承认所译是原诗，显然，译诗中有译者的创作。

译诗首先有个译者注入问题。译者把自己的理解与感情注入译文中，使用的是自己所掌握的语言，译文中必然增加了译者的东西。

译诗还有个接受问题。有的译诗不一定完美，可是不少读者却能把感情投入在吟咏中。正像《圣经》的汉译本，其中有些不明不白的句子，但教徒们虔诚地在诵读。《圣经》语言在历史进程中已被教徒们接受，已深入他们的内心。他们相信《圣经》中的每句话每个字，并原原本本地按自己的需要去领会它的精神。

译诗大体有两种。第一种是直译，一字不漏地把原诗译成汉文，译者尽量忠实地转达原文，尽量表现原作，尽量不掺入译者自己的观点。关于直译，前辈们、同辈们，以至年轻的研究人员已发表过很多宝贵的意见，我没有必要赘述。

第二种是意译。保持原诗的基本思想内容，根据汉文的特征对语句有删有增有变动，或者可称为再创作。

过去，我认为再创作不属于翻译范围。如今，阅历多了，反而觉得译诗中的再创作有其特殊作用。以匈牙利诗人裴多菲的一首短诗为例。

自由与爱情，

我需要这两样。

为了我的爱情，

我牺牲我的生命，

为了自由，

我将我的爱情牺牲。

　　这是匈牙利语专家兴万生根据原文直译的。译文准确，形式也保留了原样。早在半个世纪前，殷夫（白莽）已译过这首诗，他是从德文转译的。德文把原诗的六行改为四行，殷夫亦同。殷夫的译文是：

生命诚可贵

爱情价更高

若为自由故

二者皆可抛

　　裴多菲写这首诗时 24 岁，殷夫译这首诗时 22 岁。二人血气方刚，都处在争取民族解放的时代，对自由充满向往。原诗激励了译者，译者得到启发，打乱了原来的句型，对"自由""爱情"和"生命"三个词进行了重新组合，并用我国旧体诗五言绝句表达了原诗的思想、韵律和献身决心。殷夫的译文字字经过锤炼，无愧为佳品。这种译法应当保留。俄国诗人普希金、莱蒙托夫等人都有根据外国诗人的作品进行再创作的诗作，他们既把它称为"译作"，同时又认为是"创作"。这种译文，译者与原作者处于平等的地位。

我认为，任何一种译法都应该有生存之地，因为它们都有可取的地方。但有个前提，即译者是真正努力在翻译。我之所以这么说，是因为在市场经济刺激下，我国翻译界和其他领域一样，也出现了投机者，他们不惜侵吞前人的劳动果实，东扒一句，西抄一句，或将几位前人的译文拼凑在一起，换上几个字，便自封为新译本或重译。这是译苑的莠草、蛀虫，他们无资格进入译苑的神圣殿堂。

不同的译法有不同的效果，不同的译法能形成译苑的百花齐放。不通晓外文的读者对不同的译文进行比较可以辨别优劣，可以从不同的角度更好地理解原作，而译者也可以根据他人的译法汲取经验，把译诗的共同事业推向新的高度。

我觉得：今后刊物上发表短诗时，最好附上原文。现在排版技术先进，使用任何一种外文已不困难，而且短诗附原文并不多占版面。对通晓外文的读者来说，有原文可以验证译文的正确性，学习翻译的技巧。再说，好的译文亦可以起到榜样作用。

译诗是个复杂的、涉及很多领域的学术问题，我一直不敢触及它。

文学翻译与外国文学

一　翻译外国文学作品

翻译文学即外国文学，变成汉字的外国文学即翻译文学。代表一个国家文学水平的是本国的文学创作，翻译文学只能表明这个国家的翻译水平，但其对本国文学可以起到借鉴和促进的作用。

我国古代西北石窟里的壁画，我国沿海古建筑物上的装饰，都发现有外国人的形象，他们是外国航海家、传教士或商人。他们来到我国与人接触，由手势而口语，于是出现了最早的翻译。翻译本身就是一种文化，它沟通了人与人的关系，促进了民族间的交往。

唐僧玄奘是把我国文化带到域外，又把域外文化带回中原的先驱，是我国翻译界的老祖宗了，可谓我国翻译界的历史缩影。这位执着的行僧，在漫漫无尽的路途上跋涉前行，直到他向往的圣地，夜里则秉灯执笔，苦译不辍，为中国人民带来异族的文学和文化。

如果说古代的翻译是断断续续的、零散的，那么，19 世纪末 20 世纪初，我国的翻译事业出现了一个高潮。翻译渐渐成了一门科学，一门艺术。我国学者严复结合中外翻译史上的翻译论述和个人经验，用"信、达、雅"三个字高度概括了翻译标准，使我国的翻译事业进入一个新的阶段。

严复的同辈人林纾开创的是另一种翻译方法，严格地说不是"翻译"，而是"意译"。他借助通晓外语者的口述，撰写外国文学作品的故事。他一生编著了 184 部外国小说，包括英、法、俄、日等国文学作品。他使我国很多知识分子认识了世界一流大作家和他们的作品对他们的成长功不可没。

二　翻译与创作

在从事翻译的过程中，特别是翻译诗歌时，我越来越深刻地感悟到：译者除了通晓两国文字、两种文化和不同的时代背景之外，还应当感受到作者的心态，只有自己进行创作，才能有所领悟。每一个民族的语言都有其特殊性，译者要充分体会原文，提炼每个字，才能译得传神而又符合本民族的审美习惯。

正因如此，我喜欢诗人译的外国诗歌。尽管诗人译的作品可能会有错，但是韵味足，意境深，更受读者的欢迎。

五四时期的许多翻译家本身就是作家或诗人，因此，他们的译作往往较少有翻译的痕迹。后来，翻译家和作家（诗人）的角色渐渐分离开来：翻译家专门搞翻译，较少涉足或不涉足创作；诗人和作家则大多专门搞创作，很少去搞翻译，甚至根本不搞翻译（当然，有的作家不懂外文，那是另一回事）。

翻译与创作分离也好，不分离也好，有一条原则却是万万丢不得的，那就是：译作必须是艺术作品，尤其是诗歌翻译要以艺术的魅力吸引读者，打动人心。

苏联开始译汉诗时，主要是由汉学家翻译的，但由于他们本身不是诗人，译出来的东西使苏联读者感受不到其中的美。后来，一些翻译中国古代文学的汉学家改变了做法，如艾德林，他把中国诗歌一个字一个字地翻译成俄文，然后再请诗人加工，这样把唐诗译得非常好。俄国人由此喜欢上了唐诗，因为译文很有韵味。特别是后来，经过俄国汉学家和诗人的合作，把绝句、律诗等各种唐诗形式译成固定的韵律格式，使俄国读者用俄语读出来感觉很美。费德林把《离骚》译成俄文，请大诗人阿赫马托娃润色，曾经得到郭沫若的肯定。有的人本身就是诗人或作家，他们翻译的东西就别有韵味。但现在，很多时候，翻译和创作分离了，我很赞成俄罗斯人译唐诗的做法——诗人与译者合作。其实，在我国也有类似的做法，如前所述，林纾（林琴南）就是和懂外语的人合作进行翻译的，只不过他对原作的改动很大，与严格意义上的翻译似乎又有点距离，但他翻译改写的那些外国文学作品在文字上的确很美。

三　翻译的取向

新中国成立初期（20 世纪 50 年代），我们主要译介苏联文学作品，这跟大的政治环境有关系。建设社会主义新社会需要革命英雄主义，需要激励广大人民群众奋力拼搏的文学作品。苏联在这方面有很好的作品，必然要首先译成汉文，推荐给读者。如马雅可夫斯基的诗，大声呼唤，唱赞十月革命，我们正需要这样的诗、这样的声音，因此，这类作品自然而然就被大量翻译介绍进来。这类作品起过很好的教育作用。当时我们的文艺理论、文学批评，包括对西方文学的看法也常常借鉴苏联文艺理论界的观点。其实，我国经过风雨的老一辈文学家们的文学观不见得比苏联文学家们差，甚至有的人比他们看得更远更深。我记得 50 年代中期茅盾先生和当时的苏联作家协会第一书记苏尔科夫谈论美国作家海明威的《老人与海》。苏尔科夫认为，《老人与海》表现了资本主义社会的情调，宣扬的是个人主义，对青年读者没有好处。茅公就不同意这种看法，他认为，该作品表现了人的追求，宣扬了战胜困难、奋力搏斗的精神。我国发表了《老人与海》的译文，苏联后来才肯定了这部作品。

现在，我们应该回过头来重新审视苏联文学，总结它对我国的影响，这是一项重要的工作。我认为，苏联在其存在的几十年中，产生了不少思想深刻、艺术质量高的优秀作品，成为人类的精神瑰宝；与此同时，也出现过不少粉饰现实、愚弄读者的读物。

现在我国情况不同了，我们的窗户打开了，各种外国文学都进来了，久违了的欧美文学作家和译者连连出现。俄罗斯文学作品译介相对来说减少了，但这并不意味着今天的俄罗斯文学没有好作品，只是人们的趣味发生了变化。现在，人们更多的阅读欧美和拉丁美洲的文学作品，有多方面的原因，有市场的因素，有读者的因素，主要的还是这些文学比较新鲜，无论是观察世界的角度还是写作的手法，都令人深感兴趣。

四　翻译的桥梁作用与中国文学

几十年来，我国已培养出多种语种的文学翻译家，这是史无前例的大事。他们通过翻译在人们的心中架起一座大桥，沟通了不同的民族和不同的文化。

翻译外国文学作品，对译者、对读者、对作家都产生了巨大的影响。所有的中国作家都看外国作品，通过译本了解外国文学，是好是坏，读者心里有数。

记得有一次，苏联《文学报》记者请赵树理谈谈他对苏联一部获奖小说的看法。那是 20 世纪 50 年代中期国内对苏联文学大唱赞歌的时代，赵树理委婉地说："我不看外国作品。"后来，了解赵树理的人告诉我，赵树理还是读外国作品的。我想，也许赵树理读了那部作品，不喜欢，不愿意表态；也许他认为那是粉饰现实的读物，不便表态。我国成熟的作家有足够的能力分辨作品的优劣。

引进外国文学，为我国所用，好的吸收，不够好的舍弃。中国文学正在开辟自己的新路，作家们都在注意吸收不同艺术门类的精华。纵观历史与世界，有不少中外作家，除了文学以外还擅长绘画、音乐等。苏联的马雅可夫斯基、英国的威廉·布莱克、法国的雨果、印度的泰戈尔、黎巴嫩的纪伯伦，还有诺贝尔文学奖获得者德国作家君特·格拉斯，等等，他们的绘画水平都很高。新的世纪是智力的较量，这个时代需要新的一代人知识面更宽，脑子更活，作品更有个性。

　　美国文学很年轻，美国又是个移民众多的国家，反映了杂色的文化，创作了杂色的文学，那里出现了一位 20 世纪的大作家福克纳，他从一个小村庄写出了人类的命运。中国作家们也都在寻找自己的创作领土，通过这片领土和这片领土上的人，探寻人类的心灵，窥视整个世界。

　　作为一个严格要求自己的翻译工作者，要做到"信达雅"的确是一项很艰难、很细致、很费心思的工作。我一辈子都在从事这一神圣的工作。

心仪莫斯科

　　"无论是克里姆林宫，无论是它的锯齿形的宫墙，无论是它的阴暗的走廊，无论是它的豪华的宫殿，都是不可能描写的……应该亲自去看……应该亲自去感受它们向往的心和想象所讲出的一切！"学生时代，在哈尔滨教会学校的课堂里，读着莱蒙托夫有关莫斯科的这段描述，我的心随之沸腾起来。是啊，那时我是多么想亲自看看和感受莫斯科的生活与气息！

　　光阴荏苒，我从学校里毕了业，走上工作岗位，在中苏友好协会当了一名译员，开始一次又一次随代表团出国。

　　1953 年，我第一次来到了向往多年的苏联首都莫斯科，亲眼看到了锯齿形的红墙、石块铺地的红场，看到了名震遐迩的大剧院、一座座金顶闪烁的古老教堂，听到了缭绕的钟声，看到了一栋栋新的楼房，后来又看到了麻雀山上的莫斯科大学，50 年代初新建的几栋巍峨的高楼……

莫斯科，让我魂牵梦绕的地方！莫斯科的一切都使我感到新颖惊讶——那繁华的街道、到处是纪念碑的广场，还有忙忙碌碌的人群……

我控制不住自己绘画的激情，只要有时间便写生便作画，画街头，画人物，画会议场所，画……几十年画了不知多少本速写。

一　红场

俄文中"红"有"美丽"的意思。在古代，"红场"就是"美丽的广场"。红场的西边是克里姆林宫，南边是瓦西里升天大教堂。升天大教堂已有 400 多年的历史，它高耸着几个色彩斑斓、高矮不等的蒜头式尖顶，形状极不一般，它是俄罗斯建筑史上的典范之作。据说，沙皇为了使世界上不再出现第二座类似的建筑物，便把建筑教堂的工匠们杀了。难道这仅仅是俄国的事实？十月革命后，红场被赋予了新的含义。列宁逝世后，在红场上，在克里姆林宫墙下，为新国家第一位缔造者建成庄严的陵墓。当年，在红场上举行各种盛典。70 年过去了，苏联在风雨飘摇中解体，但红场的名称没有改变。

由莫斯科通往各地的公路，都从红场开始计算里程。所以，莫斯科是俄罗斯的心脏。

1999 年夏天，普希金诞辰 200 周年。在红场上，以升天大教堂为背景，举行了盛大的演奏会。夜色中，乐声嘹亮，歌舞翩跹，国内外上千听众露天欣赏了世界一流的表演，纪念伟大的诗人，这是红场上史无前例的活动。普希金似乎来到了红场，和今天的人们聚会在一起。

红场附近有几家著名的宾馆：列宁曾经下榻过的"民族饭店"、斯大林出席毛泽东宴会的"大都会"以及20世纪60年代修建的欧洲最大的"俄罗斯宾馆"。

我曾经站在"俄罗斯宾馆"屋顶上，观望过红场，极目远眺，一片令人感叹的景色尽收眼底。

二　莫斯科的雪

我赶上过莫斯科泥泞的春天，绿茵满街的夏天，金叶飘飞的秋天和积雪覆盖的冬天。雪中的枞树伸张着宽大的墨绿色的臂膀，闲散而恬静；秀挺的小白桦，在寒风中摇曳着柔韧的枝条，婀娜妩媚。这些树木与古老的小教堂、与一幢幢现代化的高楼相互映衬，别有情趣！

记得老友汉学家艾德林曾对我说过："下大雪时，才能显示出莫斯科的魅力；听到雪地发出声响时，才能感悟俄罗斯的灵魂。"

冬天，我走在大街上，总是侧着耳朵：也许，我听到了雪的声音，听到了树木的低吟，听到了俄罗斯人民的心声。

三　纪念碑

莫斯科很多广场上都立着纪念碑。纪念政治家、科学家、艺术家、文学家……

1947 年，莫斯科人极其热烈地庆祝了莫斯科建城 800 周年。1954 年，我在莫斯科市苏维埃办公大楼的对面广场上，看到新树立起来的一座肃穆的纪念碑——高大的黑灰色的大理石碑座上是一位威武的骑士，身穿铠甲，头戴钢盔，左手紧勒马缰，右手伸向前。他的手势表示：就在这儿修建一座城市！

他就是莫斯科的奠基人尤里·多尔哥鲁基大公（1090～1157）。

1997 年，莫斯科又庆祝了建城 850 周年。不过，莫斯科已不再是苏联的首都，而是俄罗斯联邦的首都了。

莫斯科广场雕像中最著名的当属普希金纪念碑，我每次来到莫斯科都会去见它。

普希金纪念碑出现于 1880 年，是俄罗斯平民百姓集资建造的，而非政府所为。它经受了百余年的风吹雨淋，经历了时代的变迁，仍旧岿然不动。

普希金身穿披风，一只手拿着大礼帽，另一只手拉着胸襟，低着头，在沉思，也许在低吟。这座雕像使瞻仰者产生一系列联想，想到他的诗，想到他的品德，想到他的命运。感谢雕塑家亚·奥佩库申（1838～1923）为后人留下了这座出色的雕像，它凝集了人民对伟大诗人的深厚感情。莫斯科人以骄傲的心情说："莫斯科是普希金的诞生地，他离不开莫斯科，莫斯科也离不开他。"

我国很早就开始介绍普希金。1903 年，戢翼翚从日文转译了普希金的《上尉的女儿》，这是我国最早翻译的一本俄国文学作品。1937 年在上海为普希金树立了铜像，这是在中国土地上为外国诗人树立的第一座纪念碑。普希金诞辰 200 周年前夕，我国用中文出版了他的全集，除了俄罗斯之外，仅有中国出了《普希金全集》。

莫斯科有一座果戈理纪念碑，是雕塑家尼·安德烈耶夫（1873 ～ 1922）之作。这座令人浮想联翩的雕像原本耸立在繁华的普林奇斯金林荫路上，后来，苏联某位大人物认为这座雕像给人以厌世之感，反映不出苏维埃时代的乐观主义，便把它贬到一个偏僻的小广场上去了。它在那里并不孤单，崇拜果戈理的、崇拜雕像作者的人不远万里还会来到它的跟前表示仰慕之情。

果戈理当年曾以浪漫的色彩描绘过乌克兰绮丽的风土人情，用淋漓尽致的笔触刻画过小人物所遭受的欺凌侮辱，用辛辣的嘲讽抨击过官僚机构。这些人物都以浮雕的形式刻在纪念碑的碑座四周。

我国文化先贤瞿秋白是果戈理作品的最早译者之一。1920 年，北京曙光杂志社发行了他译的《仆御室》。耿济之是新中国成立前翻译果戈理作品最多的人，其中有《马车》（1920）、《狂人日记》（1921），后来有《巡按使》《赌徒》《官员的早晨》等。1934 年，鲁迅翻译了果戈理的短篇小说《鼻子》，1936 年又译了他的鸿篇巨著《死魂灵》。早在 1921 年，上海神州女学便演出了《巡按使》。20 世纪三四十年代，上海、南京、成都、重庆、桂林等主要城市也都演出过该戏。新中国成立后，北京青年艺术剧院又把该戏搬上首都的舞台，盛况空前，经久不衰。

正是由于果戈理的创作既有普遍而深刻的教育意义，又有非凡的艺术魅力，所以，自从他的作品传到我国以后，几乎所有著名的文学家、戏剧家都撰写过评论文章，高度赞扬果戈理文学创作的巨大意义。

莫斯科很多地方都有列夫·托尔斯泰的纪念碑——在他的故居哈莫夫尼基，在圣女广场，甚至在苏联作协院里（沃罗夫斯基街）——那里是托尔斯泰在《战争与和平》中所描写过的罗斯托夫官邸，娜塔莎就是在那座楼的大厅里翩翩起舞，打动了宾客的心。

我多次去过那里，当时那里是苏联作家协会办公的地方。

有一年冬天，北风早已吹落了树上的叶子，我看到白雪覆盖着托尔斯泰的雕像（雕像是乌克兰女雕塑家诺沃克列肖纳娅之作）。

托尔斯泰的手搭在椅子的扶手上。他在想什么？

不知为什么，我想到托尔斯泰也许在想《论语》《道德经》或《孟子》，或《庄子》。因为托尔斯泰年过半百时，思想发生了骤变，决心摆脱伯爵生活，誓以劳动谋生。他倡导勿抗恶的思想，醉心于各种宗教学说——基督教、伊斯兰教、孔孟之道、庄子学说……甚至亲自动手翻译他们的某些著作。

托尔斯泰啊，虽然是一座雕像，但它能唤起世人许许多多的联想，美好的联想，使人不断升华的联想。

高尔基纪念碑是我到莫斯科见到的第一座城市雕像。我们从飞机场乘车进入市区后，去旅馆的路上来到高尔基大街（现在已改名特维尔大街）。灰蒙蒙的天空飘着白白的雪花，挺拔的立像出现在我的面前，雕像是穆欣娜等三位女雕塑家根据伊·沙德尔（1887～1941）的草稿完成的，我为它的优美造型而感叹。

高尔基是俄罗斯革命作家，他的作品在我国家喻户晓。1986年，人民文学出版社完成了20卷的高尔基文集，全部是根据俄文翻译的。早在1907年，我国即发表了他的小说《该隐和阿尔乔姆》（吴梼根据日本文转译），1908年又刊出了他的《鹰之歌》。很多著名的文学家都译过他的作品，如《二十六个》（1916年，刘半农译）、《大义》（1917年，周瘦鹃译）、《母亲》（1929年，夏衍译）等。我国放映过根据他的小说拍成的电影，他的剧本也多次搬上我国舞台。

高尔基生前一直同情中国人民的革命事业。1912年，我国辛亥革命的第二年，他从意大利的卡普里岛写信给孙中山，表示祝贺与钦佩，他说："我们，俄国人，希望争取到你们已经取得的成就；我们，在精神上是弟兄，在志向上是同志。"1934年9月2日，他又写成《致中国的革命作家们》一文，祝贺中国红军所取得的胜利。

1935年8月24日，鲁迅先生在致萧军的信中，说"……高尔基，那是伟大的，我看无人可比"。

四 墓园

莫斯科值得提及的地方太多了。有一处必须介绍，即莫斯科新圣母公墓。墓前的鲜花，仿佛在沟通生者与死者的情感。

这座公墓已经有 200 多年的历史。它本来是新圣母公墓教堂的一块小坟地，渐渐变成了安葬政要、军人、学者及文化名人的地方。

我在墓园的路上踱步。墓园静得只能听到扫地的声音。我望着墓碑上熟悉的姓名，空茫中浮现出一张张亲切的面庞——革命家、社会活动家、文学艺术家，中国人民的挚友……

亚·法捷耶夫（1901～1956）。中华人民共和国宣布成立时，他曾率领苏联文化代表团参加了天安门广场上的历史性盛典。1956 年我们在吉尔吉斯共和国伊塞克湖畔参观访问时，从广播中突然听到他自杀身亡的噩耗。讣告中说，他是由于酗酒过度，可是两年前我给他当翻译时，他并不滥饮。如今。面对着大理石墓碑，望着他那和蔼的面孔，我似乎又看见了他那漂洒的白发和智慧的眼睛，又听见了他倾诉对鲁迅先生崇敬的话："我青年时代的一部作品，能为鲁迅所赏识，并亲自把它译成汉文，这是我终生莫大的荣幸……"是啊，鲁迅这位伟大的思想家，在他年过半百之后，居然暂时停下创作之笔，去翻译一位年仅 26 岁的苏联青年作家的小说《毁灭》，绝非个人的兴趣使然。鲁迅先生的远见与胆识，早已为事实所证明。他相信这位外国作家的未来，也深知中国人民对这部文学作品的需要。我曾听到鲁迅先生的挚友黄源讲述自己作为一名知识分子，当年如何受到《毁灭》一书的鼓舞，从中汲取了力量，和几位热血青年一道，冲破国民党反动派的包围，投奔革命队伍的经历。

这位以自己的作品鼓舞了成千上万青年走上革命道路的作家，为什么在新的历史条件下，竟不能战斗下去？他的苦衷有谁知晓？

高大的雪松下，有一座灰色的墓碑。碑上刻着一个速写头像，一看便知是毕加索的手笔。毕加索画的是他的老友伊·爱伦堡（1891～1967）。蓬乱的头发，轻蔑的目光，我想起列宁给他起的绰号——"伊里亚·洛赫马蒂"。伊里亚是爱伦堡的名字，洛赫马蒂是头发蓬乱的意思。

有人奇怪，苏联大清洗时，知识界很多精英特别是犹太人都遭到厄运，为什么犹太人爱伦堡却能够生存下来？在卫国战争年代，爱伦堡的文章像子弹一样射向敌人的心脏，起了特殊的作用。希特勒对他恨之入骨，扬言占领莫斯科之后，首先要绞死爱伦堡。希特勒的野心落空了，法西斯匪徒以彻底失败而告终。

1951年，爱伦堡和智利诗人聂鲁达作为世界和平理事会的领导成员，曾来我国向宋庆龄颁发"加强国际和平"奖。他在中国逗留了一个月，访问了北京、上海与杭州。他还去过农村，游览过长城。中国读者都很想看到他访问新中国的文章，但他没有写。直到十几年后，他在回忆录《人·岁月·生活》中，才写了一小段。

1954年，出席全苏第二届作家代表大会的中国作家代表团应邀到他家去做客，我当时是翻译。这位60多岁的老人的头发更稀疏了，但仍然像枯干的麦秸，又乱又尖。我觉得，他的话和他的头发一样，蓬乱而带刺。那一天，他嘲笑一位苏联著名作家没有真正理解中国就大写关于中国的文章，挖苦莫斯科某建筑师的设计如何不懂生活的需要。那时，他知道中国读者对他战时评论文章的喜爱，但并不知道中国最初出版的他的特写集的汉译本（戈宝权译）是周恩来同志题写的书签。

鲍·波列沃依（1908～1981）的墓在哪里？1956年，鲍·波列沃依曾率领苏联作家代表团来我国参加纪念鲁迅先生逝世20周年大会。我曾为他当过翻译，我们在一起度过一个多月的时间，我和我国文化界人士去莫斯科时也曾到他家做过客，并在其他场合和他多次晤面。我很想到他的墓前致哀，我忘不了这位勤劳笔耕的乐观的人。有一次，他对我讲起30年代末如何把鲁迅先生的《阿Q正传》改编成剧本和上演的经过。他回忆往事，觉得委实可笑，负疚地说，根据他们当时对中国革命的期望，他篡改了小说的结尾。他们不愿意阿Q被砍头，便给阿Q增加了走上巷战的场面，最后让他按照欧洲人的习惯，壮烈地牺牲在女友的怀里。这种改编当然不符合原作的精神，但从中可以看出改编者的良苦用心。

墓园里还有果戈理、契诃夫、马雅可夫斯基、奥斯特洛夫斯基、爱森斯坦、卡尔曼等很多文学艺术界大师的墓。他们与我们相隔万水千山，可是深情的中国读者和观众记得他们，因为他们留下了为我国人民所喜爱的文学艺术作品。

莫斯科又何止一处新圣母公墓，还有瓦岗口、孔采沃等一些公墓，那里同样安葬着不少与中国人民有着深厚情谊的俄罗斯各界代表人物。

五　友好人士

半个多世纪以来，我在莫斯科这座既古老又年轻的城市里有幸接触过很多杰出人物，他们和他们的事业永远铭刻在我的心中。如伊·阿尔希波夫（1907～1997），新中国的第一位苏联总顾问，他对我国建设起过重要作用；谢·米哈尔科夫，苏俄著名诗人与作家，苏联和俄罗斯联邦国歌的词作者；瓦·捷列什科娃，世界上第一位女宇航员；赖莎·奥斯特洛夫斯基卡娅，《钢铁是怎样炼成的》小说作者的夫人；玛·斯米尔诺娃（1905～1993），《乡村女教师》的电影脚本作者，该电影对中国产生过深远的影响……当我与他们见面时，我总要抓紧时间为他们写生画像，并在画上留下他们的签名或题词。他们中间有不少人已经永远离开了我们，这些肖像画已变成珍贵的历史资料，我在努力把他们对中国友好的感情传达给广大的中国人民。

他们的形象不止一次浮现在我的眼前。

我多次亲临莫斯科，感受过它的气息。我的记忆中留下了这座美丽城市的一些角落、一些人民和一些往事。

圣彼得堡漫步

圣彼得堡建于 1703 年。1712 ～ 1918 年，圣彼得堡是俄罗斯首都。

圣彼得堡位于涅瓦河三角洲上，是通往欧洲的"大门"。

我多次漫步在圣彼得堡（苏维埃时期它一度改名为列宁格勒）的街头上。盛夏时的白夜，我曾经在涅瓦河畔流连忘返；白雪中的街景，总会打动我这北方人的心。尤其是这里的居民，慢条斯理、彬彬有礼、不急不躁、谈吐文雅的作风，更使我不能忘怀。

圣彼得堡，这座城市本身就是一座巨大的露天博物馆，这里有无数文化古迹。说是古迹，其实年代并不太久，只不过 300 来年罢了。冬宫、彼得一世纪念碑、涅瓦大街、伊萨基辅教堂……走在大街小巷上，每一栋楼房、每一块石头都会向你诉说它那不寻常的经历。感谢历代俄罗斯文学大师们，他们用生花妙笔把这座城市的风光、人情、历史描写得淋漓尽致，即使你初次来到这里，也不会感到陌生。

波罗的海的风卷得雪花漫天飞舞，纷纷扬扬，使这座城市像是被蒙上了一层薄薄的白纱，曲折多变的高高低低的楼影依稀可见，显得更神秘更美了。在这茫茫的天地之间，忽而闪现出一座金色的塔尖，街上时而出现一排又一排图案庄重的铁栏杆。衣着鲜艳的行人不慌不忙地在雪中踱步，色彩斑斓的汽车在大街上奔驰。这里，走不多远，就会碰到小溪与运河。这里，有数百座桥梁，联结着 40 多个岛屿。这里树木成林，雕像比比皆是——从驯马的裸男到威武的帝王，千姿百态，他们都是这座城市沧桑的见证。

圣彼得堡有着光荣的文学传统。18 世纪的俄罗斯大作家们都曾生活与创作于这座城市，我在这里闲逛时，处处都可以看到纪念他们的雕塑和墙壁上的碑牌。苏维埃时期，革命文学的先驱者们在这里进行过活动。许多苏联作家与这座城市有着血肉联系：高尔基、勃洛克、马雅可夫斯基、别德内依、叶赛宁、阿赫马托娃、普里什文、吉洪诺夫、费定、楚科夫斯基、拉甫列尼约夫、别尔戈利茨……他们都是中国读者熟悉的老一辈作家，他们的作品在我国都有译本。还记得当年我们怀着怎样激动的心情诵读参与艰苦的保卫战的作家们那有关英雄人民的颂歌；如今，我们又有机会读到在这座城市的战火中长大的新的一代诗人感人肺腑的诗篇。同一个题材，从不同的角度，用不同时代的眼光，观察并揭示了那个英雄时代的英雄人民的高贵品质。当年，自愿走上卫国战争火线的普通列兵，经过近 900 天的围困，茁壮地成长起来了，其中有的人如今已是俄罗斯文学的中坚。我特别喜欢在这座城市里长大的诗人沃罗诺夫的作品，他是那么真挚感人地描绘了列宁格勒被围困的日子。

一　彼得保罗要塞

1703 年破土动工修建要塞的日子便是这座城市建城纪念

日。当年，它是为了防范异族的进攻而修筑的。后来，要塞逐渐丧失了军事意义，在沙皇制度下，它成为关押革命家和政治犯的监狱，先后监禁过亚·拉季谢夫、十二月党人、彼得拉舍夫斯基分子，19 世纪的民粹派、民意党、社会民主党人等，高尔基也曾被囚禁在这里。十月革命后，要塞改为革命历史博物馆，前来参观的游客不断。

二 宫廷广场

每个城市都有一个中心，圣彼得堡的中心应该是宫廷广场。我站在广场中心，环视四周。广场呈圆形，中间耸立着亚历山大柱。

亚历山大柱立于 1830 ～ 1834 年，是庆祝 1812 ～ 1814 年俄国军队战胜拿破仑而修建的。圣彼得堡的朋友告诉我，这是一块巨大的、完整的石柱，有 6000 吨重。石柱高 25.6 米，整个纪念碑高 47.5 米。我仰首可以看到顶端是个天使，底座刻着俄罗斯古代各种武器与铠甲的浮雕。

三 彼得一世纪念碑

彼得一世雕像是在这座城市里树立的第一座纪念碑雕像。1782 年揭幕，耸立在涅瓦河边上。雕像把伟岸和动感极好地结合在一起：彼得一世骑在马上，马的两条前腿扬起来，后腿蹬在波涛式的一块巨石上。这座雕塑的作者是法国人法里科内。彼得头像是他的女助手科罗创作的。

　　我几次站在这座雕像面前，想象它的寓意。为什么马的后腿盘踞着一条蛇？为什么普希金以他为主题写成了长诗？为什么十二月党人组织了近3000人的军人在这座雕像前拒绝向沙皇尼古拉一世宣誓效忠，最后遭到残酷的镇压？为什么到圣彼得堡游览的人都要到这座纪念碑前拍照留念？为什么？为什么？……

　　时代变了，人们的观念也变了。近些年，我每次来到这座雕像前，附近总有由三四百人组成的小乐队在演奏欢乐的曲子，一对对新婚青年男女身穿黑礼服和白纱裙，来到这里献花，放飞鸽子，海誓山盟，永远忠于爱情。

四　涅瓦大街

　　每次走在圣彼得堡涅瓦大街上，一种神圣的感觉便激荡着我的心海。

　　涅瓦大街是历史事件的见证人，它记得在这里生活、工作过的杰出文学家、美术家、音乐家和学者。艺术家们在自己的作品中颂扬过它的多姿多彩。

　　涅瓦大街全长4公里多，沿路穿过风景优美的运河、广场和街道。

　　涅瓦大街一端是海军部大厦和它那高高冲向天空的金色塔尖，另一端是起义广场和耸立着纪念英雄城市的方尖碑。

　　涅瓦大街发生过巨大的变化，但一直保持着当年的风貌。修缮这条街上的楼房时，只能改动室内设备，而外观必须保留原样。如今，只有街上来往的现代化交通工具和人行道上的新款衣着与过去不同。

这条街是圣彼得堡文化与社会活动的集中地。在它的主道上和它的附近，有博物馆、剧场、音乐厅、图书馆，各种专业化的商店和百货公司、餐厅及咖啡馆等。

卫国战争年代，圣彼得堡（当时的列宁格勒）的这条大街遭到法西斯德寇残酷的破坏，但英雄的人们在很短的时期内，便把它重建起来。

涅瓦大街14号是210学校。学校正面墙上保留下战时的标记，上边写的是："公民们！炮轰时，大街的这面墙最危险。"它至今仍在提醒市民们不要忘记围困岁月那艰苦而又英勇的日子。

19世纪的文学家，如普希金、果戈理、别林斯基、格里鲍耶多夫、车尔尼雪夫斯基等人，当代的诗人作家如勃洛克、马雅可夫斯基、阿赫马托娃、曼德尔施塔姆等人，都与这条街有过联系。如今，在这里楼房的墙壁上镶嵌着纪念牌。

喀山教堂。围绕着它又有多少故事，它是古典建筑的典范。1813年，这里安葬了俄国海军大将库图佐夫，后来这座教堂成了军人安息之地。

涅瓦大街的另一端是名人公墓。那里埋葬的是18世纪的名人，如罗蒙诺索夫、普希金的夫人等，还有文学艺术家陀思妥耶夫斯基、格林卡、穆索尔斯基，音乐家柴可夫斯基，画家克拉姆斯阔伊、库因吉等人，演艺界的科米萨尔热夫斯卡娅。

1967 年，这里开通了地下铁道，地面上修建了新的旅馆——莫斯科。

圣彼得堡值得记述的地方太多了，它的每个角落都有一个故事，一段文化典故。

在坦桑尼亚我听到了心之歌

学生时代，我听地理老师讲过一些有关非洲黑人惨遭奴役的悲惨故事。老师意味深长地说了一句："非洲大陆的形状，很像人的心脏。"不知为什么，这句话深深地刻在我的脑海里。从那时起，每每谈及非洲时，我总觉得这颗"心脏"在不断地滴血。而我的心一旦让某件事情刺痛时，也会不由得联想到非洲。

事隔多年，我早已离开了学校的书桌，在社会上经受了阵阵寒风凉雨的吹打。可是，对非洲心脏的印象却没有淡漠。20世纪五六十年代，非洲的独立运动风起云涌，又一次震撼了我。我贪婪地翻阅反映这场斗争的报道，特别是诗歌创作。我从中深切地感觉到，非洲的作者们虽然生活在不同的国家，但他们从心底唱出了一个共同的愿望，那就是要独立、要自由。他们从不同的角度，对自己生存的"痛苦的时代"作了无情的揭露与控诉。他们告诉全世界，"我们的皮肤黝黑，这不是灾难的表征"。他们向人类疾呼："不，生活不是宁静的梦"，"那挥舞在你额前的警棍"，"那想把非洲变成庞大的监狱的总督老爷——

这一切都在提醒你斗争"。诗人深信,"会有一个伟大的变革的夜晚",那些殖民主义者"不死的灵魂就要熄灭","明天人类将要胜利","白种人、黄种人、红种人、黑种人——所有的人都会成为兄弟"!到那时,"让人民在幸福的自由大路上种起粮食和树木"。

我殷切地盼望幸福和自由的非洲早日到来,好让那颗长期伤残的心脏不再滴血。我默默地期望有一天亲眼看一看黑人的新生。

20年又过去了。1986年8月,60岁的我随中国翻译工作者协会代表团真的踏上了非洲大地,来到坦桑尼亚访问。代表团团长是上海市作家协会主席、翻译家、评论家、出版家罗洛,代表团成员还有《中国翻译》杂志常务副主编林煌天。

坦桑尼亚是濒临印度洋的东非国家。我们在茫茫的云海中穿行了十几个小时,换了一次飞机,越过赤道,抵达坦桑尼亚首府达累斯萨拉姆。没有想到,我们从当时高温30多度的中国北方来到了气候宜人的非洲。湛蓝的天空,滔滔的海水,高大的棕榈,灿烂的鲜花,身着彩色衣服的黑皮肤坦桑尼亚行人中间,时而出现白皮肤、黄皮肤的异族人,动听悦耳的斯瓦希里语中不时夹杂着英语,主人热情地握手、亲切的招待——所有这一切使我顿时感到这远不是我想象中的非洲了。我们在坦桑尼亚访问了两周,在这里验证了我少年时代对非洲的思念和成年时代对它的迷恋。

当地优越的自然条件和淳朴憨厚的人民,使这个地方很快变成了与亚洲进行贸易的中心之一。翻翻宋代的著述，我们会发现有关这个地区的更多的记载。这儿被称作"层拔国""层檀国"。在达累斯萨拉姆国立博物馆，在二层楼上的一面墙壁上，我看到了一幅地图，显然出自古代中国人之手，也许是与当地人合绘之作。图的上端，飘浮着流云，云下是一片土地，一个岛屿，岛上有高高低低的山脉，好像还有一个火山口。再下边是海峡，海面上有船舶，还有一条喷水的鲸鱼。画的左边是一条龙，下端写着四个汉字："昆仑层期"。莫非图中所描绘的正是我们今天来访的坦噶尼喀和桑给巴尔岛？这是何其珍贵的文献！除了这张地图之外，我在博物馆的玻璃柜里还看到了精心陈列的中国古代的瓷器与钱币。据说后来人在这块土地上发掘出来的瓷片、残币为数甚多。当时它们绝无连城的价值，但到了今天，它们却成了无价之宝。它们是中坦友好往来的历史见证。我久久地凝视着这些展品，心中浮想联翩，一种自豪感油然而生。我们中华民族自古以来就形成一种高尚的传统，不作为侵略者、更不是奴隶贩子出访他国，我们是友好的使者，到五洲四海去寻求友谊、促进贸易、交流文化，共建太平世界。

　　在博物馆里，我还看见了另一幅图画——三个阿拉伯人荷枪持斧押送一批被捆绑着的黑人，其中有男有女，有跟在大人身后跟跑的孩子，也有伏在母亲背上酣睡的婴儿。他们被锁链、木枷系在一起，头低垂，手反缚，步伐沉重。有几个人可能要逃跑或是要反抗，被打倒在地，斧头即将砍下来。他们长途跋涉，汗水洒在脚下，脚底磨出了血泡，鲜血渗入这条路。这是一条浸透了黑人的血与汗、埋葬着黑人尸骨的路。画中所表现的情景也许就发生在巴加莫约大路上吧！

巴加莫约大路今天仍然存在。大路从首都达累斯萨拉姆市区一直伸向北方，穿过巴加莫约市，当年那里是黑奴集中地。"巴加莫约"在斯瓦希里语中是"我的心碎了"的意思。黑奴的愤怒之词，成了路名与市名。在那阴云密布的日子里，黑奴一旦被抓来，拖上这条路，就别打算返回故里，别想再见父母妻小了。你就死了这条心吧！

我们没能去巴加莫约，但我们多少次走在巴加莫约大路上。到达累斯萨拉姆大学去访问、到国家自然博物馆去参观、到阿拉伯古墓去巡礼、到火焰剧场去看演出、到木雕市场去游逛、到海滨旅馆去休息，都经过这条多灾多难的路。如今，在这条路上，除了路名以外，再也寻找不到历史的遗迹了。大路已经铺了沥青，路旁已经种了树木，开辟了香蕉园和庄稼地。唯有大路交叉口上一棵棵又高又粗的百年莫布尤树或许还记得当年黑奴过路的悲惨情景。

如今，在这条大路上，我看到的是另一派欢乐的景象。一个个矫健的身影，他们挺着胸，昂着头，精神焕发，黝黑光亮的躯体上穿着鲜艳的服装，活像五彩缤纷的黑蝴蝶，在树木花丛之间忽隐忽现。有的人头顶货物去赶集，有的人手拿书本去上学，也有不少人在大路上漫步闲逛。

那一天，我们的汽车陷在沙窝里开不动了。忽然，一群活泼可爱的孩子，如同天兵天将出现在我们眼前。他们一边热情地喊着"中国人，中国人"，一边奋力地帮助我们推车。汽车开动了，他们还在挥手，还在欢呼。我在想，这些黑奴的后代，如今也许不了解祖辈在这条大路上留下的斑斑血迹；也许相反，老师让他们牢记历史，培养勤劳精神，发扬与人为善的风格。这些闪动着机灵的乌黑漂亮的大眸子的孩子们，将会担负起建设祖国的更加艰巨的任务。目前，无论是政府机关抑或是群众团体，起骨干作用的正是他们年轻的父辈。

在文化部和国家斯瓦希里语委员会、在电台和报社、在出版社与印刷厂、在大学和译协……接待我们的都是精力旺盛的坦桑尼亚中年人，他们取代了外国统治者，勇敢地走上了管理的第一线。他们一定经受了不少挫折与失败，但他们并不气馁，而是面对现实，积累掌握自己命运的经验。当他们介绍自己的成就时，我们由衷地为他们高兴。他们竭尽全力使斯瓦希里语规范化，这是百年大计，万年大计，是民族统一的重要保证；他们努力发展民族经济，改善劳动人民的生活条件；他们用法律的形式来保证义务教育的贯彻实施，"一两年之内，我们将在全国范围内消除文盲！"这是多么豪迈的声音！当我们听到他们陈述自己面临的困难时，从他们的语气中，可以听出他们有信心举国上下同心协力地予以解决。主人告诉我们，政府发动了一场反对贪污浪费、反对官僚主义的运动。这消息一传开，广大群众自发地涌向总统府，表示热烈拥护。有的单位甚至送给总理一把铁扫帚，借以表明建设廉洁政府的决心。

　　我们友好的坦桑尼亚还很穷。联合国宣布它是全世界 25 个最穷的国家之一。然而，人穷志不短，穷则思变。我们处处都可以看到坦桑尼亚人民自强不息改变这种状况的决心。坦桑尼亚善于利用外援。在达累斯萨拉姆，我看见了法国援建的现代化机场、美国援建的公路、日本援建的大桥。

　　我国为坦桑尼亚援建了首都车站和一条铁路线。火车站气势雄伟，技术先进。这条钢铁大动脉，其长度相当于京广线，逶迤从东海岸直通邻国赞比亚。想当年，沿岸一片荒凉，除了野兽的嚎叫就是奴隶的足迹，既无工业，农业也不发达。如今，新的厂房建立起来了，烟囱高傲地伸向天空。仅仅在坦桑尼亚境内，沿线就出现了造纸厂、水泥厂、国家粮库等。这条铁路还为其他非洲国家提供了出海的通道，为发展民族经济、巩固民族独立起着积极的作用。随着铁路的通车，一批民族技工成长起来了，一批管理人员成长起来了。也许正因为如此，人们才亲切地称它为"自由之路""幸福之路"。

　　这条路也是用汗和血筑成的，不过，那是欢欣劳动中挥洒的汗和血。筑路的有坦桑尼亚人，也有中国人。有的中国同胞在这里留下了自己的青春和生命，他们没有想到自己会永远告别家人，长眠在非洲的太阳下，黑色的土地里。有人告诉我，有个年轻的中国工人停止呼吸前，用微弱的声音说："我能为黑人兄弟的新生活而死，是一种幸福。请转告我的妈妈，请她不要为我悲伤……"

　　再过几百年，当我们的后代再来到非洲东海岸，来到坦桑尼亚时，他们不仅会看到我国古代的陶瓷、钱币，还会看到我国 20 世纪 80 年代先烈的坟墓。巨大的椰子树叶会在海风吹拂中向他们诉说坦桑尼亚创业时代的英雄事迹。而我，今天听到的，则是非洲那颗健壮的心脏唱出来的要建设、要友谊的歌！

非洲的"中国之夜"

藏青的夜空上高悬着一轮明月。又是月圆时节，怎能不想家？！距离那么远，远在非洲东部的桑给巴尔岛上。说不定家人在北京也望着同一轮明月呢！

布瓦布尼餐厅坐落在一片苇塘之滨。当我们晚餐后离开餐厅时，年轻的经理在门口欢送我们，亲切地说一句："明天晚上，我们在这儿举办'中国之夜'，请各位务必赏光……"

第二天早晨，休息厅过道贴出了大幅海报，邀请客人光临"中国之夜"。

我们结束了一天的访问，晚 9 时，跨进餐厅。刚一进门，一股温暖的气流便迎面扑来。扩音机里播放着悠扬的中国乐曲，西墙正中张贴着一幅大画，画的是一条色彩斑斓的龙，上面写着四个汉字"欢迎欢迎"。左右两侧悬挂着一对红色的中国大灯笼。室内处处点缀着成串的金银箔纸花。从高高的天花板上垂下许多盏圆圆的灯，像是无数个月亮一起钻进了餐厅。

　　餐桌似乎都被顾客占据了，不同肤色、不同民族的人在相互交谈。他们身上五彩缤纷的衣服和桌上奇异的花朵交相辉映。我们正在踌躇，年轻的经理把我们引到好像魔术一般变出来的一张空桌前。桌上花瓶里插着一捧三叶花，分外妖娆。花旁有个牌子，上书"中国客人的席位"。身穿类似旗袍的女服务员热情地问我们：是否想喝家乡的茉莉花茶？如果想吃什么，可以到柜台上去自取。然后，她神秘地说："那儿有中国菜。"

　　那天是自助晚餐。几位头戴中国大草帽的男服务员正在兴致勃勃地向客人介绍菜品，除了牛、羊肉等肉食之外，还有用香菇、竹笋、豆芽、豆腐等烧的中国菜肴。经理指着正在挑选菜肴的外国旅游者说："您瞧，每个人都想品尝品尝中国菜的味道……"

　　女服务员诚挚地问我："菜的味道可有中国风味？"我不知道应该如何回答她，生怕扫了她的兴。我反问她："您穿的可是中国衣裳？"她惊异地问："不像吗？"然后闪了闪水晶般的大眼睛："今天，我很想打扮得像中国妇女……"我说："你们烧的中国菜……别有风味。"她还在看我。我接着说："你穿起想象的中国衣裳，不是也蛮漂亮、蛮神秘吗？！"我们都开怀地笑了。

　　一位金发小姑娘轻盈地跑过来，递给我一件东西，喊了一声"中国"，就跑开了。她是哪国人？从哪儿来、又飞到哪儿去了？她给我留下了一束可爱的鲜花和动人的微笑。

　　两位中年妇女，端着盛满饭菜的盘子，走到我的面前，说话声音很轻柔："今天的'中国之夜'很有意思。我们是从法国来的。我们本来打算过几年再访问中国，现在改变了主意，决定明年就去。"

一位英国男人，在女服务员的陪同下，走了过来，长时间地握着我们的手说："我是在此地工作的工程师。为了今天的晚会，我特意画了这条龙。"他指了指墙上的画，声音里充满了自豪感。他说，他高兴的是他为"中国之夜"出了力，并有机会认识中国人。

我们座位前面的一位印度人，要求我为他和他的女友以当晚餐厅的景物为背景，拍一张照片留作纪念。一张不够，两张，三张……然后他用手势，用微笑，用语言，赞美他向往的中国。

那个晚上，旅游者和本地人，聚集在桑给巴尔岛上，像亲人一样，欢度着充满情趣的"中国之夜"。虽然饭菜缺乏中国味道，服务员的装束也不像地道的中国服饰，但这些都无关紧要。因为这里有一种气氛，是一种感情上的磁力，吸引着大家。不论非洲人、欧洲人或亚洲人，是男是女，是老是少，都愿意围绕着中国的话题交谈几句。"中国"二字，自古以来就深深地印在桑给巴尔人的心里。要知道，一千多年以前，中国人就来到这里，为了寻求友谊，为了促进贸易，但从来没有贩卖过奴隶。如今，"中国"二字，在今天的世界上就是友谊的象征，具有强劲的吸引力！"中国之夜"还在继续，我们为了第二天的启程，不得不提前退席。

当我们来到花海一般的院落时，天空的满月还留在椰子树梢上。它在等候我们吧？它是不是准备把我们绯红的脸色、激动的心情，用柔和的光，越过时空，跨过海洋，折射到可爱的祖国去呢？

夕阳红

63岁那年我离开了工作岗位

1989年春节前夕，外国文学研究所人事处的同志把一个红色的小本本交给了我。封面上印着金色的国徽，下面两排字："中华人民共和国老干部离休荣誉证"，扉页注明是"国务院制发"。我的在职工作到此结束了，从此离开了工作岗位，那年我63岁。

老干部局在院部礼堂召集了一次大会。那一届全院离退休的干部大概都被邀请出席了。院领导对离退休人员宣读国务院的有关决定，然后，称赞了一番离退休人员在职期间的贡献，甚至说离退休干部是"国家的财富"，要关心他们，要爱护他们，要为他们创造继续发挥余热的良好条件，等等。老干部局局长还根据有关条款规定，详细地介绍了如何照顾这些"国家的财富"。我听时，心中热乎乎的。觉得政府对工作多年的老同志真是爱护备至。我陷入了美丽的幻想中。主持会议的人又宣布：老同志有什么意见尽管提出来，我们一定会认真地妥善地解决。

我没有什么要求，只希望按国家规定解决我

全国政协副主席、中国社会科学院院长陈奎元向高莽颁发2006年度老年科研成果一等奖

的住房问题。从那时起到 1999 年，也就是过了 10 年，我仍然住在五十几平方米的房子里。但层层领导都一再表示"关心"，表示"照顾"，说住房问题会解决的。

有人说，刚刚被宣布离休时，会有一种失落感。我倒是没有这种感觉。我还记得，几年前，曹靖华老先生临终前把我叫去。他躺在医院的病榻上，拍着我的手，建议我早些离开工作岗位，摆脱行政事务，说这样可以更好地发挥自己的特长，可以为人民多做一些有益的事。曹老的话我一直铭记在心。

我自己也感觉到，原来的工作安排并不适合我。我听话，可是缺乏工作魄力，办事优柔寡断，不愿意得罪任何人，又不善于处理人际关系。我曾对领导不止一次地表示，最好让我专搞业务。可是，领导"器重"我，一定让我当个什么负责人，我总觉得领导硬拿我的刀背当刀刃用，我又没有顶撞的抗上勇气，只好硬着头皮干。

如今离休了，一下子轻松了。慢慢地也习惯了不上班的日子，在家中自然形成了一套工作方法。

如果不是离休，我没有完整的时间进行我喜爱的创作。离休后，我几乎每年都有图书出版，还创作了许多美术作品。

2000 年，研究所办公室主任通知我，为我调整住宅，分配了一个使用面积 85 平方米的单元房，虽然不够规定的面积，但毕竟扩大了不少，国务院的决定也算落实了。我的年龄也更大了，工作能力也大大减弱了。

离休使我获得了发挥自己特长的时间和条件，但只能在健康允许、头脑清晰的情况下。

离休不外是职务结束，工作使生命长青！

参加中国译协代表团访问缅甸

1991 年 7 月 21 日到 8 月 7 日，根据中缅两国文化交流协定，中国派出以诗人、翻译家、出版家罗洛为首的代表团，在缅甸进行了为期 18 天的参观访问。团员中有《中国翻译》杂志常务副主编林煌天、广东省作家协会副秘书长范英妍，还有黄庆珍和我。

缅甸之行犹如在童话世界里漫游。那么绚丽的色彩，那么柔和的声音，那么奇异的建筑，那么虔诚的和尚，那么多披着长发的美丽少女和穿着土裙的黝黑壮汉，还有那么多真挚的情意。

缅甸是我国的邻邦，与西藏、云南接壤。从昆明搭上飞机，只消两个来小时就到达了缅甸首都仰光。

史籍中留下大量有关中缅两国友好往来的记载。2000 多年前，中缅两国之间就筑起了陆海交通线，经济文化交流频繁，只是由于帝国主义的入侵而遭到破坏。

唐代大诗人白居易在《骠国乐》一诗中，不仅记录了古缅甸骠国王太子舒难陀于公元 802 年率歌舞艺人访问长安并献上歌舞表演，促进两国文化交流的史事，而且还颂扬了表演者高超的技艺："珠璎炫转星宿摇，花鬘斗薮龙蛇动。"

新中国成立以后，周恩来总理以及其他领导人多次亲自前往缅甸访问，进一步巩固和发展了两国睦邻友好关系。

仰光像一座大花园，棕榈、芭蕉、槟榔处处可见，榴莲、番石榴四处飘香。市中心有一片明镜似的湖水，湖中心有一座龙船似的别具风格的餐厅，这里经常接待高贵的客人。市内最突出的建筑物是山坡上一座远近可见的大金塔，塔高100多米，塔身贴满金箔，在阳光下璀璨夺目。大金塔上上下下悬挂了1万多只风铃，清风拂来，铃声铮铮，悠扬悦耳。大金塔距今已有2500多年历史，它经受过多少风雨，见证过多少社会变迁！据称，塔身中珍藏着释迦牟尼的8根头发，大金塔周围还有64座小塔和佛殿。这是一个令人神往的地方。塔区铺设的是光滑的五颜六色的水磨石板，细雨霏霏，石板上清澈地映出座座美丽的塔影，形成了一种神奇的意境。到这儿来朝圣者络绎不绝，外国游览者也纷至沓来。但，不管什么人，无论是平民百姓还是国家元首，接近大金塔时，必须脱掉鞋袜，赤足步行，以示尊敬。漫步在塔群之间，你很难想象自己身在一种动荡的人世间。

曼德勒是缅甸的第二大城市，是著名的古都。曼德勒，意为"多宝之城"，这里盛产各种名贵宝石，难怪古代缅祖曾把皇宫建于此地。皇宫、皇城如今都已修葺一新，护城河宽阔而清洁，游艇穿梭，荷花摇曳，一番迷人景色。稍远处是烟云缥缈的曼德勒山，点点白塔撒满了翠绿的山坡。

仰光、曼德勒的古塔固然不少，但蒲甘更多。蒲甘被誉为

"万塔之城"，是佛教圣地之一，又有"缅甸古代艺术的荟萃"之美名。当你站在高处，眺望四方，只要目光所及，便有塔影闪现，大大小小，千姿百态。走进古塔，你会发现那里的雕塑细腻精巧，壁画出神入化，具有很高的艺术水平。

我国和缅甸睦邻友好历史悠久，缅甸人民自古昵称中国人民为"胞波"，即"同胞兄弟"之意，且此词只是对中国人的专称。

我国最早培养外文人才的机构之一，是创办于明清两代的"缅字馆"，当时还聘请了缅国学者任教，足见明清政府对缅甸的重视。

在缅甸会见了各界人士，包括各级政府的军政人员，文学艺术界的同行，我们的交谈促进了相互了解。

在去仰光的飞机上，我听林煌天谈过妙丹丁先生，说这位翻译家为介绍我国文学做出过巨大贡献。缅甸读者正是通过妙丹丁先生的译笔看到了曹雪芹的《红楼梦》、老舍的《茶馆》、曹禺的《日出》等中国古今作品。妙丹丁还译过世界其他国家的名著，如托尔斯泰的《战争与和平》和《安娜·卡列尼娜》，高尔基的《我的童年》、《在人间》和《我的大学》，他还译过埃德加·斯诺的《西行漫记》、韩素音的《毛泽东与中国革命》等。从他翻译的这些作品中，我们不难看出妙丹丁先生的文艺观点和他对中国的感情。

到了仰光之后，在各种聚会上，我几次见到这位翻译家。他削瘦，身材不高，鼻子上架着一副深度近视镜，上身白色短褂，下身围着花格纱笼，很少讲话，总是在倾听和沉思。

在一次宴会上，我与妙丹丁先生同桌并坐。回答我的问题时，他说，他是根据英文翻译的《红楼梦》，他手中有两种《红楼梦》英译本，一种是英国出版的，一种是北京出版的，各有千秋，可以相互参考。又说："不过，我对中国的风俗习惯还是不太清楚，只好找中国朋友请教。"

我问他近来在译什么。他迟疑了片刻才说：《水浒传》。他已译了一部分，但遇到了麻烦，等到出版问题能解决时，再把其余部分译完。我没有问他"麻烦"指的是什么。

妙丹丁是缅甸最著名的翻译家，他曾三次荣获缅甸国家文学奖中的翻译文学大奖。

那天，我给他画了一张速写像，并请他签名留念。他欣然同意，把我的速写本放在餐桌上便写。白纸本和白桌布连在一起，他把名字的后半部签到白桌布上了。我笑着提醒他，他恍然大悟。一直紧缩的眉头舒展开了，笑了。这是我第一次看到他脸上露出笑容。餐厅内灯光不够明亮，使他看不清，固然是个原因，但我想更主要的是劳累过度，加上深度的近视影响了他的视力。

近视程度如此之深的翻译家译出那么多的长篇巨著是何等不易啊！有人告诉我说，他每天工作 10 个小时，令人敬佩。我默默祝愿这位同行健康长寿，为增进中缅人民的相互理解做出更大贡献，早日译完《水浒传》。

我们在缅甸访问了两周。古国、古城、古塔，绮丽的风光、精致的工艺品，斑斓的服饰——都令我难忘，但更忘却不了的是缅甸人的热情和他们对我国人民的爱。

接受"友谊"勋章及国外其他荣誉

1997年10月底，我接到人民文学出版社老编辑卢永福的电话，说俄联邦总统来华期间，有一项活动是向中国四位艺术家颁发"友谊"勋章，其中有我。卢永福不是爱开玩笑的朋友，这个消息来得有些突然。

当天晚上，在国际广播电台工作的老朋友佟轲又打来电话，说俄驻华大使罗高寿在电视广播中，介绍叶利钦总统访华期间的活动时，也谈及将向高莽、李德伦、吴祖强和薛范颁发"友谊"勋章的事。

我当时的心情不是惊喜而是有些惊慌。我国在研究、介绍和翻译俄苏文学艺术的事业中成就显著者大有人在，我觉得那些人更应获得这枚勋章。

1991年5月10日，我曾经获得过一枚"友谊"奖

俄罗斯第一任总统叶利钦向高莽颁发"友谊"勋章

章，是由苏联驻华大使尼·索洛维约夫受世界上第一位女宇航员、苏联对外友好和文化协会主席席瓦·捷列什科娃的委托在苏联大使馆颁发的。中国对外友协、中苏友协、中国社会科学院外国文学研究所、中国译协等单位的代表参加了授奖仪式。我在致答词中说："是对苏联人民的感情，对俄罗斯与苏联文学艺术的爱，逐步汇成了我的译文、文章和绘画。""我们两国人民应当更多地相互了解，更多地增进友谊。""为了这种友谊值得生存、值得劳动、值得献身！"

就在那几天，我接到俄罗斯驻华使馆的正式通知，说 1997 年 11 月 10 日，在叶利钦访华三天中的第二天下午，在使馆向我们四个人颁发"友谊"勋章，并请我代表几位受勋者用俄文致答词（因为全部仪式活动都用俄文）。

我起了一个草稿，并就讲稿的内容在电话中与留学苏联的中央乐团指挥家李德伦、留学苏联的作曲家吴祖强、音乐学家和翻译家薛范三位同志做了交流、沟通。他们提出了一些意见，认为文学说得多了，应把音乐部分加强一下。我认为他们的意见完全正确，因为受奖四个人当中，三位是从事音乐的，只有我一个人研究俄苏文学。

授勋前一天，我又接到俄方代表电话说：因为总统日程安排得太紧，所以，授勋的全部过程只有 30 分钟，具体安排是：大使先致辞，而后总统亲自授勋，最后由我致答词。另外，要求我们不要带照相机和摄像机，说仪式后，俄方提供全部资料。又说，请在西装左胸前扎个眼儿，因为勋章是拧扣的。

1997年11月10日，下午6时，我准时来到了俄驻华使馆，另外3位艺术家也先后到场了。来宾很多，新闻界也来了一些人，他们有的带着照相机。我问他们怎么带了照相机，他们说没有接到通知说不可以带相机。到会场的时间也是使馆人员通知的，比我们晚半小时。

我已感觉到俄方办事混乱。

使馆大厅里聚满了人，时间一分一分地过去了，但还不见总统驾到。

在大厅里忙碌的使馆人员，一会儿请大家排成圈，请几位领导站在门口，以便先由总统接见；一会儿让我们授勋的人站在另一处，以便和总统进行交谈，大家都在等候。

这时，一位负责接待的俄罗斯人又出来说："请大家再等一等，总统有一个活动还没有结束……"

我们等了约一个小时。突然，大厅里涌入一大批人，有人说："总统来了。"

叶利钦出现在灯火辉煌的高大的门口。他一身黑西装，银白的头发，走路有些迟缓。显然，是他心脏搭桥手术后，还没有彻底恢复过来，也许是两天的紧张活动使他感到疲惫。罗高寿大使陪同总统走进了大厅。摄影记者们被拦在大厅一角，只能从那个角落拍照。总统满面微笑，向欢迎者频频招手。然后，他径直走到大厅东侧。大家都发现摄影记者们的紧张表情，他们从那里只能拍摄到总统的后背。

主持授勋仪式的罗高寿大使讲了几句话，说这是非常值得纪念的一天，叶利钦总统将向 4 位对俄中文化交流做出突出贡献的人颁发"友谊"勋章。勋章呈金色五角形，中间是橄榄枝环绕的地球图，蓝色的海洋，金色的大陆。勋章背面刻有"友谊与和平"字样。证书上有获奖者的姓名、编号与总统签名。"友谊"勋章设于 1972 年，专门奖给为促进两国人民友好和相互理解而做出杰出贡献的人士。苏联解体后，俄罗斯继续颁发这一勋章。中国对外友好协会会长齐怀远参加了授勋仪式。

按原来的安排，紧接着就是总统亲自授勋。大使向总统问了一句：是否想讲话？总统笑了笑，向前迈了一步，便讲起话来。他的讲话足有半个小时，这是原计划的全部活动时间。他谈到刚刚结束的与我国领导人的会谈，谈到中俄两国的传统友谊，谈到我们 4 个人对俄中文化的贡献。

接着，俄方礼宾司的人宣读授予"友谊"勋章的名单。第一个被宣读的名字是我。我离开了几位朋友，经过大厅走向总统。

有人捧着盘子走向总统，盘子里放着一枚装在盒子中的勋章。总统取出勋章，向大家展示了一番，然后把金灿灿的勋章别在我的胸前。

李德伦年事已高，总统讲话时，他长时间站立已感到相当吃力。有人建议他坐下，他不肯，一直扶着椅背，说明他高尚的修养和对主人的尊敬。

总统为他别勋章时，对在场的人大声地高兴地说："李德伦是在我国音乐学院深造过的音乐家……"

　　吴祖强接受了勋章之后，薛范乘着轮椅来到总统面前。总统弯下高大的身躯，把"友谊"勋章别在他的胸前。薛范把自己的几本书赠给了总统。

　　司仪请我代表 4 位授勋者致答词。

　　我用俄语致了答词——

　　尊敬的鲍里斯·尼古拉耶维奇·叶利钦，尊敬的罗高寿大使，敬爱的贵宾们、朋友们、同行们：

　　我们作为中国庞大的文学艺术队伍中的成员，接受俄罗斯联邦叶利钦总统颁发的"友谊"勋章，感到莫大的荣幸与激动。这是俄罗斯对我国文艺工作者们高度友好的表示。

　　中俄两国文字之交和艺术往来，其根不仅深远，而且经历了风雨的考验。

　　用激昂的文字、感人的乐曲、多彩的画笔和其他各种艺术手段讴歌与描绘人生，服务人民，促进民族之间的相互了解，增进人民之间的友谊，是我们神圣的职责。

　　在这美好的金秋季节，叶利钦总统的访华，与我国国家主席江泽民在北京的会晤与谈判，必将为我们进一步扩大文化交流，促进两国文学与艺术的繁荣，创造更好的条件。

　　请允许我代表李德伦、吴祖强与薛范，向您，并通过您——鲍里斯·尼古拉耶维奇——向伟大的俄罗斯人民表示衷心的感谢！

授勋仪式结束了，使馆的工作人员给大家送来了香槟酒。总统端着酒杯，走向我们，表示祝贺。然后与在场的其他贵宾碰杯交谈。这时，新闻界人士一拥而上，向总统提出一个个问题。接着，我国几家出版社向总统赠书，中央电视台对总统进行了采访。在仪式前后，有些大众媒体也对我们四个人进行了采访。

我想到 17 岁我翻译发表了第一篇俄罗斯文学作品——屠格涅夫的散文诗，从那时起，走了一条漫长的路。如今 71 岁了，获得了社会的承认，俄罗斯人的嘉奖。这里有我个人的勤奋与努力——不断学习与及时改正错误，攻克难关与攀登险峰。

那个时候，我已感到记忆力的衰退和精力的不足。我的计划是再不接受新的约稿，把最后的时间用在"还债"上。因为有些苏联朋友要求我译完他们的书，写完有关他们的文章，画完他们的肖像。我都答应了，我不能失约，不能带着未还清的债离开这个世界。

当年 12 月 25 日，苏联宣布解体，我十分震惊，不禁感慨万千，内心的不平静促使我写出一篇诗歌《致俄罗斯友人》。

在此之后，1998 年 2 月 14 日，中国作协外委会负责人刘宪平陪同俄罗斯作家协会主席加尼切夫一行到我家中造访，向我颁发俄罗斯作家协会荣誉会员证，并赠送给我几本新出版的图书。我回赠了一幅我画的托尔斯泰的全身立像。后来，这幅画像一直悬挂在俄罗斯作家协会的会议室里。

1999年6月11日，俄罗斯科学院远东研究所授予我"荣誉博士"称号，所长季塔连科给我颁发了证书和纪念章。

1999年10月27日，俄罗斯政府向我和42位中国文学、艺术和教育界人士颁发"普希金纪念章"，表彰获奖者对介绍俄罗斯伟大诗人普希金做出的贡献。正在中国访问的俄罗斯文化部部长叶戈罗夫向获奖者颁发了纪念章和证书。

2004年，我荣获俄罗斯颁发的"奥斯特洛夫斯基奖章"。

2005年9月，我被俄罗斯国际科学文化合作中心授予"友谊贡献荣誉奖状。"

2006年2月15日，俄罗斯驻华大使谢·拉佐夫代表俄罗斯美术研究院授予我和袁熙坤"名誉院士"称号并颁发证书。举行仪式之后，我陪同大使参观了我的画展。

2006年5月23日，俄罗斯作家协会主席加尼切夫在俄罗斯驻华大使馆向传播俄罗斯文学有突出贡献的中国学者颁发首届"高尔基奖章"与奖状，我和张建华、任光宣三人获奖。我在接受颁奖后说："我虽然80岁了，但觉得想做的事情还很多，只要头脑不糊涂，我就不会放下手中的笔。"

2007年10月，莫斯科隆重纪念俄罗斯俄中友好协会成立50周年，中国派出以中国对外友好协会与中俄友好协会会长陈昊苏为团长的26人的代表团。在庆祝会上，陈昊苏、朱佳木、刘恕和我等被授予"友谊纪念章"。

2010 年 9 月，乌克兰驻华大使科斯殿科受乌克兰总统委托，为我颁发乌克兰"三级贡献"勋章，以表彰我在乌克兰文学译介和乌中两国文化交流方面做出的突出贡献。

2014 年 11 月 9 日，我参加在北京俄罗斯文化中心举行的首届俄罗斯当代文学作品最佳中文翻译评比大赛颁奖仪式，凭借翻译阿赫马托娃的叙事诗《安魂曲》获得最佳中文翻译奖"俄罗斯——新世纪奖"。

离休 27 年，我一直也没有闲着

离休以来，我多次应邀访问苏联和俄罗斯。一方面宣传我国的新成就，同时研究对方国家的文学艺术现状。

1999 年，普希金诞辰 200 周年时，我应邀出席了俄罗斯盛大隆重的纪念活动——莫斯科克里姆林宫的招待会，红场上的音乐会，普希金和冈察罗娃的结婚纪念碑落成典礼等。我向外国同行们介绍了普希金作品在中国翻译出版的情况，展出了我创作的《普希金》组画，并将《普希金来到神州大地》的水墨画献给了大会组委会。后来，该画被普希金博物馆收藏，馆长博加特廖夫不仅写信表达了谢意，还将该画印在大型纪念册中。

在莫斯科庆祝活动之后，由俄罗斯作家协会外委会主任巴维金陪同，我从莫斯科乘汽车途经斯摩棱斯克市到普斯科夫州，登上圣山，瞻仰普希金的墓碑。圣山并不高，面积也不大，山顶上耸立着一座雪白的圣母安息大教堂。圣山四季人来人往，说明诗人受爱戴的程度和人们对他的无限崇敬。

中苏隔绝多年后，又和老朋友们相聚，并结交了一些新朋友。

2001年，我随中俄友好协会代表团乘普希金号轮船，沿着伏尔加河到南方城市罗斯托夫，一路参观一路宣传改革开放后的中国新气象。

2010年，我应俄罗斯远东边区弗拉基沃斯托克（即海参崴）当局的邀请，带着自己的绘画作品前往该市举办画展。可能中国现代作品在远东展出不多，所以反响强烈。

西边我到过圣彼得堡，在濒临芬兰湾东岸处参观了19世纪俄罗斯大画家列宾生前最后30年生活过的地方，参观了他发表的和未发表的油画作品和他的书房。在西北靠芬兰的远郊科马罗沃村，寻访过20世纪杰出女诗人阿赫马托娃的故居，拜谒了她的墓地。我先后译过她的许多本诗文，也写过多篇文章。

在这期间，应邀访问了非洲的坦桑尼亚和亚洲的缅甸。所到之处，我都写成了文章或专著，予以发表或出版。

离休后，我撰写了一部专著《鲍里斯·帕斯捷尔纳克——历尽沧桑的诗人》。帕斯捷尔纳克是苏联诗人、小说家、文学翻译家，诺贝尔文学奖获得者。为撰写这部专著，我收集并阅读了大量资料——帕斯捷尔纳克的文集和同代人的回忆录，他父亲的《流年随笔》，他儿子的资料汇编，他情妇伊温斯卡娅的长篇回忆录《时代的囚徒》以及《帕斯捷尔纳克的通信集》，等等。我有机会在莫斯科郊区参观了帕斯捷尔纳克的故居纪念馆，同时把自己的感受写在书中。

这期间我还出版了几本书，如介绍从普希金到契诃夫等几位大作家的生平、创作和他们故居的《俄罗斯大师故居》，还有《白银时代》——这是一本介绍俄罗斯著名诗人的书，其中有古米廖夫、阿赫马托娃、曼德尔施塔姆、别雷等。

我在艺术研究方面开辟了一个新的领域，即俄罗斯墓园文化。我走访了俄罗斯很多墓园，研究了大批著名的人物，撰写了一本又一本专著，如《灵魂的归宿》《墓碑·天堂》等。

往事常常涌上心头。这些年里，我还写了一些回忆文章。我意识到自己年轻时作为口译者，对很多事务领会不深，但作为见证人却值得保留。如果再不把当年的经历记录下来，有些珍贵的情景可能随着人去而烟消云散。因此，我尽自己所能，把脑海中的往事写了出来，写了茅盾、巴金、老舍、曹靖华、梅兰芳、冰心、丁玲、戈宝权、华君武等许多先辈，出版了肖像画和文字介绍相配合的图书，如《文人剪影》《心灵的交颤》《高贵的苦难》《历史之翼》等。

这期间，我还翻译了俄罗斯 19 世纪一些作家的作品（包括诗歌、散文、戏剧作品）及现代作家的作品，如帕斯捷尔纳克的父亲回忆与托尔斯泰交往的事迹，苏联电视文学剧本《马克思的青年时代》、白俄罗斯女作家阿列克西耶维奇的纪实文学作品《锌皮娃娃兵》、沃兹涅先斯基的中篇现代派小说《O》等以及乌克兰当代女诗人斯吉尔达的 3 本访华诗集。这是她随丈夫在中国期间到大江南北游览及参观时的创作，其中有《中国的呼吸》《四季旋律》及《神州絮语》。

绘画是伴随我一生的业余爱好。我之所以能够完成几幅大画，也得益于离休后有了充足的时间。纪念梅兰芳先生诞辰100周年，我画了《赞梅图》；庆祝巴金先生诞辰100周年，我画了《巴金和他的老师们》。每幅画上都有十几甚至二十几位真实人物，每幅画长达5米、高2米。能画出这些人物是我长期研究文学与艺术的结果。我必须了解每位艺术家的生平、活动及与画中主要人物的关系。我感到欣慰的是，几十年来掌握的知识有了用场，几个月完成的画作得到观众的赞许。

我于2006年在上海、2010年在哈尔滨、2013年在北京、2007年在莫斯科等地举行过大型画展，并出版有画册《我画俄罗斯》《俄罗斯美术随笔》《墨痕》等。

我已年届九旬。我想到自己应做的事似乎还不少，但体力与精力都不济了。但只要头脑不糊涂，我和一般知识分子一样，不会放下手中的笔，不会虚度年华，将沿着命运为我安排的这条艰苦的路走下去，为人类解放与友好事业贡献微薄的力量。

2006年我被选为俄罗斯美术研究院荣誉院士，被俄罗斯科学院远东研究所选为荣誉教授；2013年获得俄罗斯"新世纪"文学奖。

我撰写的专著《鲍里斯·帕斯捷尔纳克——历尽沧桑的诗人》，获得中国社会科学院离退休干部学术成果一等奖。

我办了离休手续，可27年来我还在学习、研究、翻译、作画、进行国际友好交往，我一直也没有真正休息过，也没有闲着……

我老年时的家

　　我的家和千千万万个家庭一样，没有什么区别，也没有什么特殊的情况，如果硬要找一点个性，那么只能说，我的母亲比较长寿，她活了102岁；我的妻子孙杰眼睛失明，这种悲剧不是每个家庭都会发生的；我女儿比较孝顺，为了照顾我们老两口，她放弃了在巴西的优越生活。

　　我母亲90华诞时，为了报答养育之恩，我用缝纫机为她缝制了一套便衣裤。母亲接过礼物，连连称赞："我一生中不知给你做过多少件衣服，如今也能穿上你给我做的衣服了。"可就在这天夜里，我醒来时，发现母亲房里透出一丝灯光，我立即披衣下床，来到母亲房门前，透过门缝，我看到母亲拥在被窝里，戴着老花镜，颤抖的手拿着一把小剪子，正拆我一针一线为她缝制多日的衣服。我的心顿时凉了。"这是我给妈妈的生日礼物呀，为什么要拆掉呢？"我心里着急，又不愿惊动母亲，只好悄悄离

102岁时的高莽母亲

去。过了几天，我实在憋不住了，终于向母亲问起此事。她用昏花的目光盯着我，半晌才开口："你缝的不合格呀！线扎得不直不匀，粗糙……干活不能这样！"她说，把衣裤拆了本想自己重新缝起来，可是手不听使唤，缝不成了……听完母亲的话，我反复思忖，明白老人的意思：做事要一丝不苟。这不仅是缝制衣服的要求，而且是工作的态度，做人的原则。就这件事儿，我写成一篇散文《妈妈的手》。1994 年，我把《妈妈的手》等一些文章结集为《妈妈的手》一书，在中国华侨出版社出版。

　　到了古稀之年，我才更清晰地意识到母亲在我生活中的作用。她是个普通的家庭妇女，而且是个文盲。按理说，新中国成立后，我完全可以帮助她摘掉文盲的帽子，她很渴望识字读书，但那时我整个身心都扑在工作上，没有想到她。她临终前，我才知道她为不能看书而长期悔恨，她握着我的手，轻轻地咬

一家人

左起：外孙徐枫、高莽、孙杰、女婿徐永强、女儿晓岚

着我的手指，这是她最后一次爱的表示。我和母亲一起生活了70年，很少分开。她告诉我："等我死了，在我胸口上放一本书，我是那么想识字……"

火化时，我满足了她的愿望，却没能从根本上改变她的文化素质，我感到万分悲痛。随着年龄的增长，我认识到，母亲在我心目中是一盏灯，她为我照亮了很多很多。

我小的时候，所有衣服都是母亲亲手缝制的，甚至墨水都是她用颜料配制的。她喜欢自己动手，又善于创造。我50岁时，母亲要为我写个条幅。母亲是文盲，更没有练过书法，但她喜欢画。我问她：想要写什么？那时，我可能流露出某种自满情绪。她说："记住，天外有天，山外有山……永远要摆正自己的位置，要知道自己的水平，你念书太少，要多向别人学习……"我说："那就写'人要有自知之明'吧！"她沉吟了半晌，让我写了个样子，她拿起毛笔，着墨汁，照葫芦画瓢，在宣纸上写了出来。我怎么也没想到，她的字还颇有风格。我把她的字装裱好，悬挂在书房的墙上，从此，我总感到，母亲就在身边，时刻提醒我要虚心、要认真。"做任何事一定要做到最好，不能留下丝毫的遗憾。"母亲严格认真的工作态度深深地影响着我。从那以后，不论做什么事，我都竭尽全力，精益求精，直到自己满意为止。

婆媳关系在每个家庭中都是很难处理的，而我的妻子和母亲处得非常好。"文化大革命"前，我和妻子都从事外事工作，一年中有很多时间是在外地陪同代表团，家中全靠母亲支撑，常年卧病在床的父亲和年幼无知的女儿都需要由母亲来照顾。母亲的默默奉献和妻子真诚的孝顺使我们很早就得到和平里街道评选的"五好家庭"荣誉。

几十年来，妻子与我患难与共，相濡以沫。她始终是我事业上的"贤内助"，常年为我整理文稿。我写文章来回改，妻子则反复抄，从无怨言。一次，北京大学一位教授代台湾某报社向我约稿，文章须全部写繁体字。这可难为孙杰了。繁体字多年不用，已十分生疏，只好一个字一个字地在字典里查找、核对。孙杰也常为我在文字上把关，不许用不规范的字和词语。而我每写完文章，都会高兴地送到她面前，听取这位第一读者的意见。旁观者清，妻子也常能提出有益的建议。

妻子对我也有不理解的时候。起先，她对我画画不很支持，认为绘画不是我的本业，耽误时间，而且我常夜间作画，把纸弄得哗哗作响，影响家人休息……1978年中国艺术团赴美演出时，在妻子编排的节目单上，我加上了几幅插图，妻子觉得此类东西可有可无，无关紧要。可谁知到了美国，接待人员对插图却很感兴趣。艺术团转道香港演出时，主办单位竟把插图放大，占了整整一页的篇幅，印在节目单中。现实教育了她，从此她大力支持我作画了。我也很体贴妻子，本来我一直是画油画的，可当我发现妻子的皮肤对油画颜料过敏时，便毅然放弃油画，改作水墨画，并很快掌握了用水墨深浅浓淡来表现人物内心世界的绘画技法。

我母亲逝世那一年，我妻子的第二只眼睛失明了，从此，五彩缤纷的世界从她的眼前消逝，笼罩她的是一片黑暗，其痛苦可想而知。她第一只眼睛失明是 1984 年，那时她还在工作，虽然有一定障碍，但观察事物还可以。1996 年，她的第二只眼睛失明，这时，我的女儿恰好从巴西回国探亲，见此情景，决定留下来，照顾失明的妈妈。妻子和光明的世界永远告别了，她无法看信，无法看报，无法看书，无法看电视，甚至无法夹菜。她走路磕磕碰碰，一双手不断左摸右摸，用她自己的话说，就像是在游泳。她刷牙需要别人替她挤好牙膏。每天还得多次给眼睛上药。

2003 年是我和妻子结婚 50 周年。在这 50 来年当中，有风有雨，有痛苦有欢乐。我觉得最能考验夫妻关系的是在生活最困难的时候。新中国成立前我们就参加革命工作，历经了所有政治运动。在最痛苦的时候，妻子对我的关怀体贴，使我感到温暖，感到幸福。我感到，家，是我生活中的避风港，那里有同情我的人，理解我的人。最困难的时候，是妻子的话给了我坚强生活下去的勇气。其实，她当时的处境也不见得比我强。但，女人是伟大的，她们自己可以不动声色地承担种种难以承受的重压，不向别人诉苦。我的妻子如此，我的母亲更是如此。

妻子自强自立的精神使我受到鼓舞。她双目失明，但不愿意成为家中的累赘，总是替我想着各种事，并从事一切力所能及的工作：淘米，洗碗，洗小件东西，只要在桌面上摸到一点儿渣子，她绝不放过，非得彻底擦干净不可，这种要求和我母亲一样。

女儿是她母亲生活中最大的帮手。连外孙子似乎也懂得事理了，用自己的压岁钱给姥姥买了一个能报时的钟（不知为什么，那个钟讲的是一口河南话）。

妻子失明后，我经常给她拍一些照片。最初，她拒不肯拍。我说："等你眼睛复明时，再看看自己的形象该有多好！"我明明知道这是自欺，也是欺人，但我总想更多地留下她的影子。

我和妻子现在都是90岁的人了。她双眼失明，我一身是病。我今生最后的愿望是先送走妻子，自己再走。哪怕先走一天、一小时、一分钟也可以，因为我若先走了，她就太痛苦了。

女儿也是60多岁的人了。30多年前她从生产建设兵团回来时，常常谈起儿童时代的事。我甚至有些奇怪，她怎么会知道自己还不能记事时的事？她说："是您当时给我记的日记告诉我的。"她从小我就给她记日记。每件有趣儿的事，每句有趣儿的话几乎都记了。后来，在"文化大革命"期间，怕招来意想不到的麻烦，我让她自己把日记销毁。她说，她烧日记的时候，又仔仔细细阅读了一遍，一边烧一边哭。现在，她很后悔当时听了我这个胆小怕事的父亲的话，她说："我应当把日记保存起来，那是多么珍贵的记录啊！"

她记得我用自行车送她上幼儿园时别了脚。50年代，大家上班非常遵守时间。过了8点，上班迟到，在同事面前会感到难为情。有一天，我先送女儿去幼儿园，把她抱上车，随即蹬车而去，没有想到把她的小脚别在车轮里了。她号啕大哭，可是我没有管，把她交给托儿所阿姨便飞车上班了。现在想起来，心里总有些对不起女儿。所幸没有留下残疾，如果真的骨折，我会难过一辈子的。

女儿小的时候，我和妻子就注意教她自信自立。譬如她七八岁时，我教她游泳。那时，我们家住在西城区复兴门附近，我常带她到木樨地的河里去游泳。一个夏天的夜晚，我有意识地带她冒雨去游泳。当我们从河里爬上岸时，发现有两名警察在岸上紧盯着我们，可能以为我是个拐骗幼女的坏蛋。女儿8岁时，我们让她独自一人乘火车到天津亲戚家去。长大以后，她从来不怵出门远行。

1979年，女儿结婚不久，她丈夫被派往巴西工作。1989年，女儿借调到丈夫单位，也被派赴巴西。这是她第一次出国，不懂外语，孤身一人，家人都替她担心。可她毫不在乎，带上一个写着地址和电话的条子就走了。20多个小时的飞行，不光在美国纽约换乘飞机，到巴西里约热内卢又换了一次。她踏上异国的土地，等着丈夫来机场接她，心里十分着急。可左等右等，总也不见熟悉的面孔。此时，身边没有一个中国人，她真怕自己飞错了地方，语言不通，举目无亲，有些心慌。但凭着儿时锻炼成的自信，她决定在机场等候。过了半个小时，丈夫终于来了。他是因为工作太忙，来晚了。

"文化大革命"期间，我们一家四口人分散在四个地方。母亲一个人留在北京。妻子去了对外文委的干校，我去了学部的干校，女儿去了内蒙古建设兵团。她在兵团放羊。那时，她和另一个女孩子放300多只羊，一出去就是一周，带着干粮，四处游荡，吃冷饭，喝凉水，和羊睡在一起。她能够坚持下来，固然与当时的形势有关，但我认为与家庭的教育也分不开。

1996年女儿回北京探亲，考虑到母亲眼疾加重，视力锐减，我也日渐衰老，自己孩子的学习也得管一管，于是毅然留下。从此，女儿每周六天在父母处"上班"，第一身份是老妈的"护士"，照顾病人，洗衣做饭；第二身份是接替母亲，当我的"秘书"，打印文稿，管理资料。而替我管资料，可是个苦差事。我家那时屋小书多是出了名的。书报堆在一起，找起来犹如大海捞针，有时受尽翻箱倒柜之苦，仍只能望书兴叹。而我有时一会儿要这，一会儿要那，她费了九牛二虎之力，刚刚找到乌兰诺娃的照片，我却又要茹可夫的材料，女儿不懂俄文，真是难为了她！我写文章常常不停地改，一会儿加，一会儿删，后来怕女儿嫌烦，就尽量少动。女儿理解我的心思，对我说："老爸，您就尽量改吧！"

现在，我女儿给她的儿子记日记，从小记到了18岁。她的儿子成年了，她为儿子编了一本书，名为《背影》，主要是儿子的成长记录和儿子少年儿童时写的文章。

我家的情况就是如此一般。没有任何突出的事迹，也没有专门的教育方法。但我知道，家庭的和睦是国家安宁的因子。家庭成员相互之间的关怀与体贴，是促进国家大团结不可或缺的内容。没有家庭的和睦和亲切的彼此关怀，我离休后也不会继续工作，也不可能做出一些成绩来。

我的绘画生涯

我的本业是外国文学研究，具体说，是研究俄苏文学。20世纪五六十年代担任过口译，后来又作了外国文学刊物的编辑，有机会接触到很多文学作家、翻译家、艺术家，由于对他们的敬仰，时而画些他们的速写像。

我粗粗统计了一下，几十年来，我为我国文艺界人士画的速写像和肖像共达200多幅，这仅仅是画像上留有他们个人签名的部分。其中包括几代人：五四时期的、30年代的、抗战年代的、新中国成立前后的、五六十年代的、"文革"以后的和最新一代的。

有的画像上有作家题字或题诗。有的肖像当时只是偶尔之作，如今人已去，肖像成了历史文物。我为中国著名文化人士画像的有：鲁迅、茅盾、巴金、丁玲、冰心、曹禺、阳翰笙、老舍、艾青、冯至、季羡林、戈宝权、萧乾、萧军、曹靖华、许广平、周扬、钱锺书、杨绛、李健吾、夏衍、钟敬文、艾青、杨沫、邹荻帆、牛汉、绿原、曾卓、邵燕祥、华君武、丁聪、方成、叶浅予、许麟庐、曹辛之、胡爽盦、刘淑度、李骆公、艾中信、蔡若虹、田汉、梅兰芳、李德伦、黄宗江、刘炽、吴晓邦、白淑湘、贾作光……

自20世纪40年代起，我翻译了不少俄苏作家的作品，包括后来的加盟共和国中一些国家的文化人士，也写了不少有关文章，还编辑了很多俄苏文学作品译文集。在此期间，我也画了不少俄罗斯风光和俄苏作家肖像。我为俄罗斯著名文化人士画像的有：普希金、赫尔岑、莱蒙托夫、陀思妥耶夫斯基、托尔斯泰、契诃夫、高尔基、叶赛宁、法捷耶夫、肖洛霍夫、马雅可夫斯基、瓦西里耶夫、阿斯塔菲耶夫、叶夫图申科、鲁·努列耶夫、阿赫马托娃、齐赫文斯基、拉伊莎·波尔菲里耶芙娜、玛·斯米尔诺娃、布拉特·奥库扎瓦、维奥拉·阿吉玛姆多娃、伊尔·阿尼库申、舍甫琴科、柳德米拉·斯吉尔达、扎伊尔·阿兹古尔、马克西姆·唐克、阿列克谢耶维奇、阿尔希波夫、苏尔科夫、格拉希莫夫、格·巴克拉诺夫、捷列什科娃、费德林、罗高寿……

　　自调到《世界文学》杂志编辑部以后，除了俄苏文学之外，工作中也经常接触其他国家的文学。由于兴趣驱使，我也画了不少其他国家文艺界人士，包括：巴西作家若泽·亚马多，智利著名作家何塞·多诺索，葡萄牙作家路易斯·卡蒙斯、埃萨·德·克罗兹、米格尔·托尔加、若泽·萨拉马戈和女诗人苏菲娅·安德雷森，日本作家宇野浩二、萩原朔太郎、井上靖、野间宏、山崎丰子、大江健三郎等，印度作家泰戈尔、阿葛叶，美国作家华盛顿·欧文、詹姆斯·库柏、纳撒内尔·霍桑、朗费罗、爱伦·坡、约翰·厄普代克、托马斯·品钦、乔伊斯·欧茨、艾丽斯·沃克、辛克莱·刘易斯、尤金·奥尼尔、赛珍珠、威廉·福克纳、欧内斯特·海明威、约翰·斯坦贝克、索尔·贝娄、艾萨克·辛格、约瑟夫·布罗茨基、托尼·莫里森、马克·吐温和惠特曼，澳大利亚作家帕特里克·怀特……

　　与以上数百位中外文化名人的多年交往中，有许许多多生动有趣的故事，但由于"学术名家自述"这套书有统一的篇幅要求，这一部分的口述都被删去了，留待以后的图书中再做陈述。我这一生中只画过几幅人物较多的大画，值得一提的是《赞梅图》和《巴金和他的老师们》。

《赞梅图》

《赞梅图》是一幅多人物群像图。

为迎接我国戏曲大师梅兰芳百年诞辰，我创作了这幅长五米、高两米的国画作品。画中梅先生站中央，周围有21位外国艺术家。梅先生正向他们展示戏曲中的招式。

早在1957年和1960年，我有幸两次随梅先生访问苏联，亲眼看到苏联人民对梅先生的热爱。在与梅先生相处的日子里，我曾陪同他参观过斯坦尼斯拉夫斯基故居纪念馆，听他回忆1935年在莫斯科与列宁格勒率团演出、与苏联戏剧大师们的接触交往与切磋技艺的往事。有一次，我们去斯坦尼斯拉夫斯基故居的排练厅参观，梅先生指着一张高背座椅说："那天，斯坦尼先生就坐在这儿，让我坐在他身旁，观看他排戏。"

《赞梅图》

访苏的日子里，我利用闲暇时间为梅先生画过几幅速写像。梅先生看后，亲切地鼓励我并在画像上留下了自己的签名。那时我还不敢想象为梅先生画一幅大画。

梅先生逝世一周年时，我写了一篇纪念文章。在写的过程中，梅先生讲过的话不时在耳边响起，很多与梅先生有过交往的艺术家的形象也反反复复地浮现在眼前。

我阅读了一些有关梅先生的中外资料，特别是苏联戏剧家们写的回忆录和早年苏联报刊上有关梅先生的报道。

梅先生的公子、在中国社会科学院美国研究所工作的梅绍武兄希望我画一幅梅先生与斯坦尼斯拉夫斯基二人会晤的画。我一直在犹豫，一则两位大师会晤时留下了相当好的照片，似乎没有重新创作这一场面的必要；二则我忘不了梅先生的一句话，他说："真正懂得中国戏曲的是梅耶荷德。他有革新精神。"梅先生认为别的大师也有高超的见解，但不如梅耶荷德。我还记得他说他想写一篇文章纪念梅耶荷德。但梅耶荷德是苏联肃反扩大化时因莫须有的罪名而遭镇压的人。显然，在没有为他平反的年代，纪念他的文章在我国不可能公开发表。可是梅先生对他的深情，无时不流露在言谈之中。

我想，如果要创作一幅表现梅先生与苏联戏剧大师们在一起的画，首先离不开斯坦尼斯拉夫斯基，还有他的战友聂米罗维奇 - 丹钦柯。从梅先生的感情来看，不应该没有梅耶荷德。随着对梅先生与外国戏剧人士的关系的了解日益深入，我觉得应该进入画作的人也在增加。最初我想只限制在梅先生与几位苏联戏剧家的关系上。可是事实提醒我，对梅先生给予高度评价并为梅先生成功演出做了很多宣传工作的人当中还有剧作家特列季亚科夫、电影大师爱森斯坦、汉学家阿列克谢耶夫等人。他们是中国戏曲的狂热爱好者，为宣传中国戏曲艺术作了不懈的努力，他们也不应当被忽视。

梅先生 1935 年访苏期间，他的表演不仅征服了苏联观众，也震撼了正在苏联访问的其他国家艺术家的心，如德国导演皮斯卡托和布莱希特、英国戏剧大师戈登·格雷。

我的画必须选择一个合适的时机和地点，合乎历史地把这些人聚集在一起。如果以梅先生访问斯坦尼斯拉夫斯基的排练厅为背景，好多戏剧家都不在场；如果以苏联对外文化协会举行的讨论为背景，那么斯坦尼斯拉夫斯基那天并没有出席。怎么办？

我又想，爱森斯坦对梅先生的了解是他在美国听喜剧大师卓别林介绍的，而卓别林与梅先生一见如故。由此又想到美国电影明星范朋克和玛丽·碧克福等其他欧美艺术大师，他们之间的感情都很深。我从表现梅先生与苏联戏剧界代表的交流开始构思，逐渐扩大到梅先生与欧洲戏剧界代表的相聚。

梅先生的艺术与日本艺术有着深厚的血缘关系。中村歌右卫门是梅先生的世交。第一个把穿戏装的梅先生画成速写的是日本的福田信世，后来为梅先生画像的是随同印度大学者泰戈尔一起访华的印度绘画大师难达婆薮。他为梅先生创作了一幅巨大的戏装油画像——《洛神》。东方艺术家们在画中也应当占有一席之地。

　　最后，我决定不以时空地域为限，把 20 世纪 30 年代世界戏剧界对梅先生有过评价的主要代表人物都集中在一幅画中：梅先生通过示范动作向外国同行们介绍中国戏曲特点，外国朋友们在欣赏，在相互议论。一开始，我的题目是《梅兰芳和他的外国艺友们》，后来改为《赞梅图》。

　　我在创作这幅国画时，得到了梅兰芳长子梅绍武的帮助。他也是从事外国文学研究与翻译的人，我们有诸多往来。他的弟弟梅葆玖，杰出的京剧演员，专程到我家为我当了一阵模特儿。没有他们的大力支持，我是难以完成这幅作品的。篆刻家程与天看见我在作此画，特治了两方大印："梅香四海"与"一往情深"。他的印章使此画增添了光彩。这幅画完成之后，我将它赠给了梅兰芳纪念馆，因房间较小，无处展出。

　　俄罗斯电视台驻华代表库里科夫得知这幅作品中有几位俄罗斯戏剧大师后，便带了四五个摄影师前来拍了一个上午，不久便在俄罗斯电视台播出了。我国《人民日报》等多种报刊也刊登了这幅作品，并对创作者进行了介绍。

　　《戏神弟子》一剧的演出组来拜谒梅先生故居，提出要看看《赞梅图》一画的原作，才使这幅作品第一次在梅兰芳纪念馆"展览"出来。

　　1995 年 6 月 6 日下午，五十多位从俄罗斯来的旅游者们来到北京西城护国寺街 9 号梅兰芳纪念馆。他们不是一般的旅游者，而是俄罗斯话剧界的精英，有"人民演员"，有"功勋演员"，有白发苍苍的老人，也有潇洒英俊的中年人，还有戏剧界的一批记者。这么多外国人同时到梅兰芳纪念馆参观,有史以来还是第一次。他们几乎都是《戏神弟子》一剧的演出人员。他们曾在俄罗斯电视中看过我的《赞梅图》,很想看看原作。

话剧《戏神弟子》的作者拉尔斯·克莱伯是瑞典人,这次也来了。他长期从事苏联早期戏剧史研究。在研究的过程中,他发现梅兰芳对苏联戏剧界甚至对当时世界戏剧界产生了不同凡响的影响。斯坦尼斯拉夫斯基、梅耶荷德、布莱希特等人是彼此极不相同的戏剧家,各具鲜明个性,他们决定着 20 世纪的戏剧面貌。这些人的观点在互相"碰撞"。克莱伯想:如果把他们的艺术观点碰撞时的火花集中在一部作品中,岂不光彩夺目?!于是他创作了一部《臆想的记录》,即独幕话剧《戏神弟子》,描写 1935 年 4 月 14 日苏联对外文化协会为总结梅兰芳剧团在莫斯科和列宁格勒两地演出而举行的一次讨论会。他的剧本在我国曾一度被当作真正记录稿译成中文发表,而剧作家克莱伯被误认为是记录稿的整理人。

克莱伯的剧本《戏神弟子》写于 1981 年。他告诉我:"我完全是为自己的兴趣写的,没有想到发表,更没有想到演出。"可是世界戏剧界对梅兰芳艺术的兴趣使这部话剧很快就传开了。

1988 年,波兰首先把这部话剧搬上舞台,后来西班牙也上演了。1995 年,为纪念梅兰芳诞辰 100 周年和 1935 年 4 月 14 日研讨会 60 周年,莫斯科也把它献给了自己的观众。

这次,苏联的演出人员来参观梅兰芳故居并看到《赞梅图》,他们多年的夙愿实现了!

《巴金和他的老师们》

2003 年，巴金老人迎来百岁华诞！世界上如此高龄，作品又如此丰富的作家廖若晨星。

为迎接这一喜庆的日子，我怀着崇敬与激动的心情画了一幅《巴金和他的老师们》。选择这一主题，经过多时的研究。

1980 年巴金在《文学生活 50 年》的讲话中曾说道：

"我在法国学会了写小说。我忘记不了的老师是卢梭、雨果、左拉和罗曼·罗兰。我学到的是把写作和生活融合在一起，把作家和人融合在一起。我认为作品的最高境界是二者的一致，是作家把心交给读者。我的小说是我在生活中探索的结果，一部又一部的作品就是我一次又一次的收获。我把作品交给读者评判。我本人总想坚持一个原则：不说假话。除了法国老师，我还有俄国的老师亚·赫尔岑、屠格涅夫、托尔斯泰和高尔基。我后来翻译过屠格涅夫的长篇小说《父与子》和《处女地》，翻译过高尔基的早期的短篇，我正在翻译赫尔岑的回忆录。我还有英国老师狄更斯；我也有日本老师，例如夏目漱石、田山花袋、芥川龙之介、武者小路实笃，特别是有岛武郎，他的作品

《巴金和他的老师们》

我读得不多，但我经常背诵有岛的短篇《与幼小者》，尽管我学日文至今没有学会，这个短篇我还是常常背诵。我的中国老师是鲁迅。我的作品里或多或少地存在着这些作家的影响。但是我最主要的一位老师是生活，中国社会生活。我在生活中的感受使我成为作家，我最初还不能驾驭文字，作品中有不少欧化的句子，我边写作，边学习，边修改，一直到今天我还在改自己的文章。"

我的画就是以巴老的这段讲话为依据的，画了巴老讲话中提到的所有 15 个人物。

这幅画长 5 米，高 2 米，从构思到完成，用了 3 个月时间。画此画时，我已经 77 岁了，当时正值 2003 年最酷热的时期。我想在这幅画中注入我对巴老的敬仰和挚爱以及对外国文学的深情。

巴老是五四时期以来我国一位文学大师。他的成长带有强烈的时代特征。他对封建制度满腔憎恨，对未来充满憧憬。他在中国文学上有深厚的造诣，同时又大量吸取外国文学的精华。

巴金说他是受外国文学影响最深的一位作家。从他提及的外国作家名字来看，也可感受到他阅读范围之广、涉猎问题之多、钻研思考之深。他从这些外国作家身上最先学到了讲真话，把心交给读者，学到了人道主义精神和民主主义思想。

我决定把巴金和这些作家画在一起。但他们不属于一个时代，又是不同国家的人，如何表现他们的关系？画什么时期的巴金？穿什么衣服，拿什么笔？我反复修改自己的草稿。最后定位在中年的巴金身上。

画中年代最早的作家是法国的卢梭。他生活于 18 世纪。青年巴金在巴黎学习时，常到卢梭的纪念碑前，倾诉自己内心的块垒。

画中苏联作家高尔基在其早期作品中所描绘的丹柯长期激荡着巴金的心。巴金希望作家们都学习丹柯的精神，把自己的心从胸膛里掏出来，为处于黑暗中的人民照亮前进的路。我画了高尔基，也画了丹柯。丹柯把赤烈的心高举在巴金的胸前。

画中人物时空交错，我加了一些文字作为补充。例如，我让赫尔岑手里拿着他的俄文原作《往事与随想》；屠格涅夫身上录了他的散文诗《俄罗斯语言》的原文全文；左拉背景是法文报刊上的《我控诉》的报头，这篇犀利的讲演曾鼓舞着巴金抨击封建制度；在有岛武郎身旁用日文写上了巴金经常背诵的《与幼小者》一文的篇名；田山花袋身旁是他用汉文写的诗；武者小路实笃打开的书页上印着《新村五十周年祭》，"新村"是他力倡的一种社会运动。

巴老说他成为作家最主要的一位老师是"生活"，是对中国社会生活的感受。所以，我在画的下端，画了中国不同时期的生活与种种现象：封建社会逼得丫鬟投井、抗日战争、第三次国内革命战争、抗美援朝、"文化大革命"、巴金夫人萧珊逝世、粉碎"四人帮"、人民大会堂、现代文学馆……

书写画上的题词费了我不少精力。最初想请书法家代题，可是在 5 米长的宣纸上安排 400 多个汉字，太难为人了。无奈，只好自己动手，仅写这段题词就用了两三天时间。

为创作这幅画，我反复阅读了巴金的很多作品和其他有关国家文学的著述，画中除了巴老提到的 15 个人物之外，我主动增加了俄罗斯革命家、作家克鲁泡特金。克鲁泡特金是巴金早年的偶像，对他一生有过巨大的影响，巴老也译过克氏的作品。我增画这个人物，得到很多朋友的赞同。

《巴金与他的老师们》一画完成了，交给了中国现代文学馆，展出后，得到很多人的好评。

2003 年 11 月 25 日，《人民日报·大地副刊》刊登纪念巴金百年华诞专版，中国现代文学馆馆长舒乙在《为百岁巴金办一个画展》一文中写道："作家、翻译家兼画家，77 岁高龄的高莽送来了一幅长达 5 米的巨画，题目是《巴金和他的十六位老师》，其中日本人五名、法国人四名、俄国人五名、中国人一名、英国人一名，都是赫赫有名的文学家和社会活动家。高莽还把日本的金阁寺、巴黎圣母院、克里姆林宫、伦敦威斯敏斯教堂、中国现代文学馆以及左拉的、托尔斯泰的、屠格涅夫的、田山花袋的名言或诗句用各自的母语原文当作人物背景衬托出来。这张大画整整耗用了高莽三个月时间。他曾寄来一张工作照，高莽正跪伏在地上作画，大热的天，77 岁高龄啊！"

我知道，我的画有缺陷、有遗憾。可是我想，如果不是一个研究外国文学又喜欢画画的人，完成这么一幅作品可能更难。我是多么希望巴老能够亲眼看一看这幅表现他与外国文学家关系的作品啊！可惜永远也办不到了。

完成这幅作品之后，我又写了几篇巴金与外国文学的文章。

中国现代文学馆前后收藏着我的画作有：鲁迅、茅盾、巴金和他的老师们、胡风、丁玲、萧军、冯至、叶圣陶、骆宾基、曹靖华、艾青、冰心、萧乾、方纪、杨沫、严文井画像16幅。

11月25日，上海有关单位制作了100把"百岁巴金壶"以志纪念，壶面选用了我所画的巴金速写像。

我希望今生还能继续为巴老画像，因为巴老永远活在我的心中。

九秩后的琐事与感悟

我父母养育过五子一女，其中四位都在50岁前就逝世了，三哥活到71岁，只有我活到了90多岁。但88岁之后，身体一直不好，患上了一种每个人都会患上而所有医生又都束手无策的病，这病的名字叫"衰老"：记忆力极差，说话颠三倒四；再比如头发灰白，四肢无力，听觉不灵，味觉也大不如前；还有我的腰隔三岔五会痛得直不起来，有时要在床上躺良久。

我老了，但还记得刚结婚时和妻子在舞池中翩翩起舞的情景；记得50多年前，我大胆地让女儿独自上幼儿园，自己却偷偷跟在她后边，看她是否有勇气穿行在车水马龙的街道上；记得30多年前，我还能骑车接送外孙，像风一样飞来飞去。

埋头于书堆中的高莽

　　我和妻子结婚已经快 64 年了。这 64 年里最幸运的事情就是我们两个都还活着。妻子失明已经 20 年了，我也要靠戴助听器才能听得见。过去我常熬夜工作，那时候，她尚能看见，几乎每天夜里她都会走进我的书房。如果灯还亮着，她就会唠叨几句，劝我早点休息；如果我睡着了，她就会偷偷地探探我的鼻子，看我是否还有呼吸。她总是担心我劳累过度，在睡梦中悄无声息地告别人世。现在失明的她再也没有办法跑到我房间偷看我了。每天晚上，一个聋子和一个瞎子坐在一起看电视。她看不见，但能听见声音，给我转述电视中的话，而我则给她讲电视的画面。

　　妻子是个顽强的女人，她没有被失明和衰老击倒，她总是想干一些力所能及的事，想帮助我们。她自己摸着吃药、冲咖啡，还坚持在饭后摸着洗餐具。我想，这么做会让她自我感觉好一点。不过老实说，她常常帮倒忙，反而给我们添了麻烦。我或者女儿做这些事情只需要一分钟，而她大概要十几倍的时间，同时我们还得等着她弄完，才能洗刷桌子上的其他餐具。不过这也没办法，谁让她是我妻子呢！

生活就是这样，每次，女儿、侄女或是外孙回来都会告诉我一些外面的新鲜事。我坐在那里，张大了嘴，仿佛听明白了他们在说什么，其实，我并没有听清他们的声音。

我注定与高科技无缘，这大概也是老迈的症状。有一次，我说想让他们带我尝一次摩托罗拉的汉堡包，惹得全家人大笑。连失明的妻子也忍不住了，纠正我说："摩托罗拉是手机，麦当劳是快餐！"我也不知道和我同龄的妻子是怎么知道这些的，大概是每天"看"电视的缘故。

使用手机对于我这个年纪的人来说实在有点困难，女儿教我使用电脑，我没有学会。我知道电脑的伟大，但就是不想学会使用，大概是因年老固执。

八九年前，我曾去看望当时 93 岁的华君武老先生。他行动全靠轮椅。他清楚地记得 60 年前第一次到我家的事，却怎么也想不起来"四"字怎么写。当时在他身上，我似乎看到了自己的未来。

我一直在想，"衰老"这病或许也有自己痊愈的一天。去年我应邀为《钢铁是怎样炼成的》一书的作者尼古拉·奥斯特洛夫斯基画像。突然觉得自己的腰不痛了，浑身充满了活力和干劲。仿佛"衰老"顽症自然消逝了。奥斯特洛夫斯基只活了 32 岁，其身残志不残、顽强拼搏的一生仍然影响着一代又一代人。我仿佛明白了：人是否衰老，是否死亡，不完全取决于年龄，更重要的还取决于他的事业、他的精神。

2016 年，在藏书家张期鹏先生帮助我编著《高莽书影录》

的过程中，我曾写信对他说：

时光匆匆过去，90年竟是如此之快。

自己全身是病，头脑昏昏沉沉，思维不能集中，走路晃晃悠悠，视力衰退，双耳失聪，且有盲妻瘫痪在床，需要照顾。

但，回顾往事，还是做了一些有利于人民的事情，译了一些外国文学著作，写了一些随笔散文，画了一些美术作品。

家庭和美，互相体贴，低调做人，谦虚谨慎——这是我的生活的基调。

附录一：主要学术活动及大事年表

1926 年

10 月 25 日，出生于哈尔滨，原名宋玉楠，后来随母姓，改名高莽。

1935 年（9 岁）

进入哈尔滨基督教青年会学习，在这里断断续续学习了 10 年。

1937 年（11 岁）

为准备俄罗斯伟大诗人普希金逝世 100 周年纪念会，第一次临摹普希金像。

1943 年（17 岁）

本年，在哈尔滨道里商业俱乐部举办的克列缅季耶夫学生们的画展上，展出了创作的 3 幅油画：《祖父》、《自画像》和《牧歌》。其中，《自画像》保存至今，成为留存至今最早的画作。

本年，在哈尔滨《大北新报》发表平生第一篇译作——屠格涅夫的散文诗《曾是多么美多么鲜的一些玫瑰》，署名"雪客"。

12 月，从哈尔滨基督教青年会学院毕业。

1944 年（18 岁）

毕业后，经历了一段逃避当伪满兵役的日子。而后，在伪《康德日报》社工作。

1943～1944 年间，曾登门拜访过几位在哈尔滨从事油画的前辈——刘砚、石揖、韩景生、于世杰。后来，结识了画家沈化民、李立民等。

1945 年（19 岁）

参加我国最早成立的哈尔滨市中苏友好协会，后在其所属的机关报《北光日报》和《苏联介绍》杂志编辑部工作。

1946 年（20 岁）

加入哈尔滨新民主主义青年团（共产主义青年团前身）。

本年，在《北光日报》副刊部工作期间，翻译《联共（布）中央关于〈星〉和〈列宁格勒〉杂志的决议》摘要和日丹诺夫有关此事的长篇报告，经金人校订，全文发表。此决议和报告是专门批判苏联作家阿赫马托娃和左琴科的。

1947 年（21 岁）

10 月，哈尔滨中苏友协为庆祝十月革命胜利 30 周年举办苏联照片展览，翻译解说词。

本年，开始翻译苏联作家班达连柯根据奥斯特洛夫斯基的小说《钢铁是怎样炼成的》改编的剧本《保尔·柯察金》。

本年，为萧军的长篇小说《第三代》画"题头画"——萧军头像。

1948 年（22 岁）

9 月，所译的剧本《保尔·柯察金》由哈尔滨兆麟书店出版。

本年，与孙杰结成终身伴侣。

1949 年（23 岁）

与著名翻译家戈宝权见面座谈。

1950 年（24 岁）

10 月，所译剧本《保尔·柯察金》修订后由新华书店在北京和上海出版发行。

本年，所译苏联拉脱维亚作家葛里古力斯的话剧《粘土与瓷器》由东北新华书店出版。

1951 年（25 岁）

8 月，所译苏联乌克兰作家冈察尔的短篇小说结集为《冈察尔短篇小说集》由北京火星社出版。

1952 年（26 岁）

2 月，所译苏联阿塞拜疆作家乌尔贡的诗剧《太阳出来了》由时代出版社出版。

11 月，所译苏联格鲁吉亚作家沙·达吉阿尼的剧本《星星之火》由时代出版社出版。

1953 年（27 岁）

3 月，与高亚天、付克合译的苏联剧作家波·齐尔斯柯夫的剧本《胜利者》由人民文学出版社出版。

夏，作为译员，第一次随中苏友好协会代表团访问苏联。

8 月 12 日，在中苏友协总会小礼堂与孙杰举行了简朴的婚礼。

12 月，所译《列宁的童年与学生时代》由辽宁人民出版社出版。此书著者为列宁的姐姐阿·乌里杨诺娃。

1954 年（28 岁）

春，作为译员，随中苏友协总会秘书长钱俊瑞率领的中苏友协参观团赴苏联，进行了为期近两个月的访问。

3 月，所译苏联格鲁吉亚作家纳胡茨里什维里的话剧《领袖的少年时代》由时代出版社出版。

5 月，随中苏友好协会代表团访问苏联，出席莫斯科"五一"观礼，并随戈宝权和唐弢专访了苏联作家协会的中国文学委员会及地方作协，与各地作家举行座谈。

10 月，苏联对外文化友好协会代表团来华访问，任随团翻译。

12 月，作为译员，随以周扬为团长的中国作家代表团赴莫斯科出席全苏第二届作家代表大会。

本年，被吸收为中国作家协会会员。

本年，油画《母亲》在北京市第一次青年美术展览会上获得二等奖（一等奖空缺）。

1955 年（29 岁）

10 月，作为译员，随茅盾接待以苏联诗人苏尔科夫为首的苏联对外文化协会代表团。

1956 年（30 岁）

3 月，苏联剧作家阿尔布卓夫、功勋艺术家沃尔科夫来华出席我国第一次全国话剧观摩演出会，在老舍、曹禺、田汉、阳翰笙与他们座谈时，担任翻译。

5 ～ 6 月，作为译员，随以胡愈之为团长的中苏友协代表团访问苏联。

6 月，所译苏联乌克兰作家考涅楚克的剧本《翅膀》由新文艺出版社出版。

10 ～ 11 月，苏联作家波列沃依率领苏联作家代表团来华参加纪念鲁迅先生逝世 20 周年大会，任陪同翻译。其间，为波列沃依画了多幅肖像，包括一帧小型油画像。

1957 年（31 岁）

1 月，苏联作家瓦连京·卡达耶夫、田德里亚科夫和奥斯特洛夫斯基遗孀赖莎访华，陪同并作口头翻译。6 日，在从西安飞往重庆的飞机上为卡达耶夫画像。

9 ～ 10 月，参与接待前来中国参加国庆 8 周年庆典的以苏联对外文化协会主席杰尼索夫为团长的苏联文化代表团。

本年，随以刘宁一为首的中国劳动人民代表团赴苏联参加

十月革命 40 周年庆祝活动，并在莫斯科、列宁格勒、基辅等地
参观访问。访问结束后，又参加了中国戏剧代表团，出席全苏
话剧、音乐剧、舞剧大汇演。

1958 年（32 岁）

10 月，作为译员，随以茅盾、周扬、巴金为正副团长的中国作家
代表团，赴苏联乌兹别克共和国塔什干参加亚非作家会议。

11 月，参加以刘澜涛为首的中国劳动人民观礼团赴苏联出
席庆祝十月革命的盛典。

12 月，人民文学出版社编辑出版了 19 世纪古巴革命家、诗
人何塞·马蒂的《马蒂诗选》，收入所译的《在鲜花盛开的原野上》
《我走遍所有的村庄寻找你……》等 10 首马蒂诗歌，署名乌兰汗。

1959（33 岁）

3 月，随蔡若虹、王朝闻赴莫斯科出席第一届社会主义国家美术
展。此次展览共展出 12 个国家的 2000 多件作品，其中有我国著名
画家王盛烈先生的《八女投江》等。

5 月，作为译员，随茅盾率领的中国作家代表团赴莫斯科
出席苏联第三次作家代表大会，并随茅盾参观高尔基故居。大
会闭幕后的一天下午，随茅盾到新当选的苏联作家协会第一书
记康·费定家中拜访、祝贺。

6 月，随曹靖华为首的中苏友好代表团访问苏联，并受到
赫鲁晓夫接见。

9～10月，接待由苏联诗人吉洪诺夫率领的参加中华人民共和国成立10周年大庆活动的苏联文化代表团。

10月，随茅盾接待苏联作家柯切托夫率领的访华代表团。

11月，随中国劳动人民代表团访问苏联。其间，到莫斯科新圣母公墓拜谒先烈和文化名人。

1960年（34岁）

2月，随以刘长胜为首的中苏友协代表团到苏联参加庆祝中苏友好同盟互助条约签订10周年活动。

1961年（35岁）

2月，随以张苏为团长的中苏友好代表团访问苏联。

11月，随以康永和为团长的中苏友好代表团访问了苏联的叶烈温、巴库、阿拉木图等地。

1962年（36岁）

7月，所译阿尔巴尼亚剧作家、诗人柯尔·雅柯伐的剧本《我们的土地》由中国戏剧出版社出版。

本年，调入《世界文学》杂志社从事编辑工作。

本年，被吸收为中国美术家协会会员。

1963年（37岁）

7～8月，随中国美术家协会副主席华君武、画家艾中信等赴莫斯科出席苏联第二届美术家代表大会。其间，拜访了漫画家叶菲莫夫、雕塑家克尔别里等人。

1963 年 11 月 11 日至 1964 年 1 月 3 日，随中国戏剧家考察团访问德意志民主共和国和波兰，先后到过柏林、魏玛、华沙和克拉科夫。

1964 年（38 岁）

10 月，《世界文学》杂志划归中国科学院哲学社会科学部（中国社会科学院前身）新成立的外国文学研究所。

年底，《世界文学》编辑部全体人员被下放到农村进行劳动改造。

1965 年（39 岁）

本年，在安徽参加"四清"。《世界文学》停刊一年。

10 ～ 11 月，苏联红旗歌舞团来华访问演出，暂时调回北京，为团长亚历山德罗夫担任译员。

1966 年（40 岁）

《世界文学》杂志再次停刊。

1967 ～ 1968 年（41 ～ 42 岁）

无业务可做，只能随群众参加各种集会，喊口号、贴大字报。

1970 年（44 岁）

1970 年 7 月，被下放到河南信阳罗山镇"五七"干校。在对外文委工作的妻子孙杰下放到河南信阳明港镇。16 岁的女儿晓岚前往内蒙古兵团养猪、放羊。74 岁的老母一人留在北京。从此，一家分居四地。

1971～1972 年（45～46 岁）

1971 年，除政治学习外，未正式恢复工作，基本处于闲置状态。继续创作马恩组画，最后完成油画 57 幅，涉及 200 多个人物。

1972 年，随外文所下放河南"五七"干校人员回到北京。因《世界文学》杂志尚未复刊，没有恢复工作。

1975 年（49 岁）

10 月，参加恢复《世界文学》杂志的准备工作。

1976 年（50 岁）

为了妻子的健康，毅然放弃油画，改画水墨画。

1977 年（51 岁）

随诗人邹荻帆几次到北京后圆恩寺胡同 13 号看望茅盾先生，为茅盾画速写像数幅。

本年，在《外国文学动态》杂志附刊第三期发表数万言的

《苏联文学界"持不同政见者"的情况》，以翔实的资料钩沉了苏联这个重要的文学现象和其中许多重要人物曲折复杂的历史命运，引起读者的注意。

1978 年（52 岁）

10 月，《世界文学》开始正式发行。

11 月，油画组画《伟大的无产阶级革命导师马克思和恩格斯》由人民美术出版社出版，收录小幅油画作品 57 幅，印数达数万册。

本年，为苏联作家魏列萨耶夫的《果戈理是怎样写作的》一书汉译本（蓝英年译）作插图 3 幅。该书由天津人民出版社出版。

1979 年（53 岁）

5 月 1 ～ 25 日，《马克思恩格斯战斗生活组画》画展在北京中山公园兰花室举办。

本年，画了一幅远望大海的高尔基像，1981 年戈宝权夫妇访问莫斯科时，将这幅画像赠给了高尔基故居纪念馆。

本年，为王兴斌所著《马克思的学生时代》画插图 12 幅。该书由北京出版社出版。

1980 年（54 岁）

本年，冯至先生 75 岁寿辰，为其画水墨肖像画一幅。

本年，为张英伦等编写的《外国名作家传》（上、中、下三卷）画肖像插图 440 幅。该书由中国社会科学出版社出版，印数达 20 万册。

1981 年（55 岁）

本年，广东人民出版社出版的《少女的声音》（邹荻帆编）一书中，收入所译乌克兰诗人舍甫琴科的长诗《卡杰丽娜》。

本年，为王兴斌所著《无畏的探索者——青年时代的恩格斯》作插图 12 幅。该书由北京出版社出版。

1982 年（56 岁）

5 月，所译《永不掉队：冈察尔短篇小说集》由外语教学与研究出版社出版。此版除 1951 年初版时译的作品外，又增加了冈察尔后来创作的作品。

10 月，编选的《苏联当代诗选》由人民文学出版社出版，收入 20 世纪 50 年代到 80 年代活跃在苏联诗坛上的 36 位诗人的 300 多首作品，译者有戈宝权、苏杭、王守仁、田大畏等人。

1983 年（57 岁）

为纪念马克思逝世 100 周年，翻译了 7 集电视连续剧《卡尔·马克思青年时代》，原作者是苏联作家阿·格列波涅夫、鲍·多勃罗杰耶夫、列·库里扎诺夫。同年，中国文艺联合出版公司将译文出版。

11 月底至 12 月初，应苏联作家协会邀请，随戈宝权前往莫斯科出席第六届苏联文学翻译国际研讨会。这是高莽 1963 年以后时隔 20 年再次访问苏联。

1984 年（58 岁）

10 月中旬赴烟台，出席中国外国文学学会第二届大会。

12 月底至次年初，出席中国作家代表大会，并为胡风和唐弢、刘宾雁、叶楠等人画像。

本年，临时担任《世界文学》主编，直至 1989 年年底离休。

1985 年（59 岁）

5 月，出席在济南召开的中国美术家协会第四次代表大会。

7 月，随日本文学专家唐月梅到北京饭店拜访来华的日本作家井上靖，并为他画速写像。

10 月，参加接待以谢·米哈尔科夫为首的苏联作家代表团。这是中苏文化交往中断 12 年后，苏联派出的第一个作家代表团。在座谈会上，介绍了我国近年研究苏联文学的状况。

本年，编选的《苏联文学插图》一书由浙江人民美术出版社出版，该书全面介绍了俄国十月革命到 1984 年苏联文学插图的成就。

12 月 25 日，担任《世界文学》杂志主编。

1986 年（60 岁）

2 月，散文随笔集《久违了，莫斯科！》由作家出版社出版。

3 月，编选的《苏联女诗人抒情诗选》由漓江出版社出版。该书收有阿赫马托娃、茨维塔耶娃、别尔戈利茨、阿利戈尔、德鲁尼娜、卡扎科娃、叶夫谢耶娃、阿赫马杜林娜、莫里茨等9 位苏联女诗人的诗作，译者有戈宝权等人。书后附有所撰写的长篇论文《苏联女诗人》，系统介绍了 70 年间苏联女诗人的创作情况。

4 月，出席在北京召开的中国翻译工作者协会第一届全国代表大会，当选为中国翻译工作者协会第二届全国代表大会理事。

8 月 9～24 日，随中国翻译家工作者协会代表团访问非洲坦桑尼亚。回国后，写成游记《心之歌——访坦桑尼亚散记》《诗人的泪》《乌木会说话》《远方的"中国之夜"》《希望》等。

秋，接待应邀前来我国出席在广州举行的孙中山先生诞辰120 周年国际研讨会的苏联科学院历史学家、苏中友好协会会长谢·齐赫文斯基。

11 月，接待以叶·伊萨耶夫为首的苏联作家代表团。

1987 年（61 岁）

6～7 月，应苏联作家协会之邀，在翻译家草婴率领下，与黄伟经、白嗣宏等同赴莫斯科出席第七届苏联文学翻译国际会议。

初夏，陪同诗人罗日杰斯特文斯基率领的苏联作家代表团在中国访问，并为罗日杰斯特文斯基画像。

11 月底，赴南京出席中国外国文学学会年会。

1988年（62岁）

7月4日，为在人民大会堂举行新书发布会的巴西总统若泽·萨尔内（他同时是作家）画肖像。

本年，陪同苏中友好协会代表团在中国访问。

8月中旬，接待以吉尔吉斯共和国文化部长巴亚利诺夫为团长的苏中友协积极分子代表团。

11月，接待以格·巴克拉诺夫为团长的苏联作家代表团，并为格·巴克拉诺夫画像。

1989年（63岁）

4月，接待以汉学家列·别仁为团长的苏联青年作家代表团。

5月，苏联作家瓦·拉斯普京、谢·扎雷金陪同苏共中央总书记、苏联最高苏维埃主席团主席戈尔巴乔夫访华，先期到达北京。13日，陪同两人到中国社会科学院外国文学研究所访问，参加座谈。

5月15～18日，作为中国文艺工作者代表，受到戈尔巴乔夫夫妇接见。

6月，在普希金诞辰190周年之际，完成大画《普希金在高加索》，画的是流放时期的普希金。

10月10～17日，接待以苏联摩尔达维亚共和国对外友协主席斯卡利纳娅为团长的苏中友协积极分子代表团，全程陪同。

11月6日，在中国社会科学院外国文学研究所与来华访问的苏联作家代表团舒加耶夫、阿乌埃佐夫、奇尔科等六人会见。

年底，离休。

1990 年（64 岁）

10 月，陪同中国作家协会副主席马烽接待苏联作家阿纳尼耶夫和列宁格勒的画家马里采夫。

1991 年（65 岁）

3 月 23 日，俄罗斯电视台国际巡礼节目中播出了部分画作。

5 月，《诗人之恋：苏联三大诗人的爱情悲剧》一书由外国文学出版社出版。

5 月 10 日，苏联驻华大使尼·索洛维约受苏联对外友好与文化协会主席瓦·捷列什科娃的委托，向高莽颁发了"友谊"奖章，以表彰他多年从事苏俄文学翻译及在介绍该国艺术成就上的突出贡献。

同日，创作的俄苏作家的肖像画在苏联驻华大使馆展出。

5 月，苏联汉学家费德林携夫人来华访问，受到了中国友协、文学基金会的热情接待。应邀前往探望，并为其画速写像。

7 月 24 日至 8 月 7 日，根据中缅两国文化交流协定，中国作协应缅甸政府邀请，派出以诗人、翻译家罗洛为首的中国翻译家代表团访问缅甸，作为团员出访。写成的访缅随笔和速写，后收入《四海觅情》一书，该书于 1999 年由华文出版社出版。

10 月上旬，在北京京贸大厦举办了"翰墨缘"九人画展，高莽是展出者之一。

10 月中旬，参加在扬州召开的中国外国文学学会第四届会员大会。

12 月 25 日，苏联解体，分裂成十几个独立的国家。感慨万千，写诗《致俄罗斯友人》。

本年，所译阿赫马托娃的诗选《爱》由外国文学出版社出版；为《拉丁美洲文学丛书》（30 卷）画肖像 30 幅（该丛书1991～1993 年由云南人民出版社陆续出版）。

本年，翻译完成冈察尔的中篇小说《旗手》。

1992 年（66 岁）

1 月，陪同苏联达吉斯坦阿瓦尔族诗人拉苏尔·加姆扎托夫率领的苏联作家代表团在中国访问。这是 1991 年 12 月 25 日苏联解体后，原苏联作家协会按照该会此前与中国作协的协议，向中国派出的最后一个以苏联名义组成的作家代表团。其间，为加姆扎托夫画速写数幅。

1 月 16 日，在上海，与谷苇一同去看望巴金，并为巴金画速写头像一幅（后来，这幅速写像嵌到了为祝贺巴金寿诞特意制作的 100 把紫砂壶上）。

2 月，受胡风夫人梅志所托，为梅志刻治名章一方。

8 月，高莽编、戈宝权等翻译的《普希金抒情小诗》由浙江文艺出版社出版。

11 月 26 日，应即将出访阿根廷的拉美文学专家林一安请求，为阿根廷诗人、小说家、评论家格拉西埃拉·马图罗画肖像一幅，并题诗一首。

本年，阳翰笙 90 寿辰时，为阳翰笙画画像一幅。

本年，画成大画《屈原》，并在画上抄写了《离骚》全文。

本年，重庆出版社出版的《世界反法西斯文学丛书·苏联卷》收录了高莽所译的冈察尔中篇小说《旗手》。

1993 年（67 岁）

3 月，应胡孟祥之邀为巴金画像（1994 年 3 月 14 日，巴金看过此画后，在画上签上了自己的名字。这是巴金最后一次为高莽所画巴金画像签名）。

8 月 12 日，应邀为重庆创办的以翻译为宗旨的季刊《中西金桥》题词："架设中西金桥，沟通欧亚文化。发展翻译事业，弘扬民族精神。"

8 月 20 日，出席北京大学召开的纪念马雅可夫斯基诞辰 100 周年座谈会，并发言（会上悬挂着高莽画的马雅可夫斯基像）。

9 ～ 10 月间，画《青年毛泽东》。该画 11 月 18 日在军事博物馆纪念毛主席 100 周年诞辰时展出，后又在老年书画研究会上展出，并在几家报刊上发表。

本年，认为最值得纪念的一件事是，应有关方面之邀画"仓颉像"。画了数幅，钱锺书先生在画像上题写了"仓颉"二字。

1994 年（68 岁）

6 ～ 8 月，在狭小的房间创作 5 米长的大幅画——《梅兰芳和他的外国艺友们》（后来取名《赞梅图》）。不久，该画便在俄罗斯电视台被介绍、放映;《人民日报》等多家报刊也刊出了这幅作品。

8 月，应哈萨克斯坦驻华大使穆赫塔尔·阿乌埃佐夫之邀，赴其官邸做客，并将为阿拜所画肖像展示给他。后根据大使的意见进行了修改，并题了词。

9 月，散文集《妈妈的手》由中国华侨出版社出版。

本年的主要工作是翻译白俄罗斯女作家阿列克西耶维奇的纪实文学作品《锌皮娃娃兵》和创作《赞梅图》。

1995 年（69 岁）

1 月 3 日，为纪念梅兰芳诞辰 100 周年，梅绍武在梅兰芳纪念馆接受俄罗斯电视台记者伊里乔夫采访，受邀陪同并协助翻译。

1995 年是国际主义战士、加拿大外科医生白求恩诞生的 105 年。为纪念他，完成了《白求恩》一画，并于 5 月 25 日在中国人民革命军事博物馆展出。

5 月 9 日，我国外国文学研究会举行挪威戏剧家易卜生讨论会。为该会画了一幅巨大的易卜生肖像。出席会议的两国代表在画像下部签名留念。挪威代表热情地表示：将这幅画像带回挪威，交给易卜生纪念馆永远保存。

6月6日，陪同来华参加纪念梅兰芳百年诞辰活动的30多位欧洲外宾参观北京梅兰芳纪念馆。

8月下旬，随以中国作家协会副主席唐达成为首的作家代表团去甘肃、四川等地采风。一路上画了不少速写，写了一些随笔，后来收入不同的集子中。

本年，为纪念中国人民抗日战争胜利50周年，高莽画了两位东北抗联英雄杨靖宇、赵尚志，并题诗。

本年，为萧乾画了一幅漫画像。另外，还为杨绛画了一幅画像。她也比较满意，并在画上签了名。

1996年（70岁）

3月下旬至4月初，根据中俄友好协会的安排，为撰写阿尔希波夫传，随中俄友好协会秘书长钮英丽前往莫斯科。在俄期间，多次采访阿尔希波夫，倾听及记录了他的陈述和对中国的印象等（与钮英丽合写的《阿尔希波夫》一书同年由河北少年儿童出版社收入"中国人民的朋友丛书"出版）。

5月20日，在北京大学出席普希金研究会成立大会，带去普希金画像并发言。

5月，著名指挥家李德伦在为其所作漫画像上题字。

12月6日，参加在北京亮马河大厦举行的我国首届葡萄牙文学研讨会，并在会上展示了为五位葡萄牙作家——路易斯·卡蒙斯、埃萨·德·盖罗斯、米格尔·托尔加、若泽·萨拉马戈、苏菲亚·安德雷森绘制的画像。

本年，河北教育出版社出版的《莱蒙托夫全集》（四卷）中收入所译剧本《西班牙人》。

本年，被俄罗斯作家协会聘为荣誉会员。俄罗斯作协在贺电中称："我们非常珍视您为丰富两国人民的文化而付出的高尚劳动和做出的显著贡献……"

1997 年（71 岁）

7 月 1 日，香港回归。满怀激情地创作了诗歌《林则徐，你来了——贺香港回归》等 3 首。

9 月，散文随笔集《域里域外》由中共中央党校出版社出版。

11 月，获得俄罗斯联邦总统叶利钦授予的友谊勋章。

12 月 25 日完成《帕斯捷尔纳克》一书的草稿。

本年，曹积三、阎桂笙主编的《当代百家话读书》由广东教育出版社与辽宁人民出版社出版，为该书画肖像画 105 幅。

1998 年（72 岁）

2 月 14 日，中国作协外委会负责人刘宪平陪同俄罗斯作家协会主席加尼切夫一行到家中拜访，获颁俄罗斯作家协会荣誉会员证；回赠一幅托尔斯泰全身立像。

6 月 22～24 日，参加在北京大学举行的"普希金在中国"大型学术研讨会并发言。

9 月，接待俄罗斯作家访华团。28 日，为俄罗斯诗人斯坦尼斯拉夫·库尼亚耶夫画速写像。

12 月 28 日，参加在中国美术馆举办的华君武漫画学术研讨会，并为华君武画速写肖像。

本年，为崔权醴编译的《西风吹书读哪页》一书画肖像插图 55 幅。此书由中华工商联合出版社出版。

1999 年（73 岁）

1 月，散文随笔集《四海觅情》由华文出版社出版。

1 月，所译《锌皮娃娃兵》被收入昆仑出版社出版的白俄罗斯女作家斯·阿列克西耶维奇的纪实文学作品集《锌皮娃娃兵》（2014 年九州出版社出版了高莽所译《锌皮娃娃兵》的单行本）。

5 月 31 日，纪念普希金诞辰 200 周年大会在北京人民大会堂举行。会上展出了所画有关普希金生平的组画。

6 月初，应邀前往莫斯科参加俄罗斯全国纪念普希金诞辰 200 周年活动。其间，接受了莫斯科电视台的采访，谈中国读者如何阅读普希金、纪念普希金。

6 月 11 日，被俄罗斯科学院远东研究所授予"荣誉博士"称号，所长季塔连科为其颁发证书和证章。

纪念普希金诞辰 200 周年活动期间，"普希金组画"在莫斯科展出，从国外回俄罗斯参加纪念活动的普希金后裔在组画首页上签名留念。6 月 4 日，在莫斯科参加了普希金国立纪念馆的庆祝活动之后，将一幅大画《普希金在长城上》赠送该馆。

纪念普希金诞辰 200 周年之际，国家邮政局专门发行了由门瑞瑜策划、高莽绘制的纪念普希金邮资明信片。

10月27日，获得俄罗斯政府颁发的普希金纪念章。

12月20日，为庆祝澳门回归，作画并写诗《庆祝澳门回归》等两首。

本年，与人合译的卢日科夫的随笔集《莫斯科，我们是你的儿女》由新华出版社出版。

2000年（74岁）

1月14日，受邀参加中国文艺界纪念罗马尼亚大诗人艾米涅斯库诞辰150周年活动。

6月，应中国诗书画研究会的邀请，创作《李世民》一画，不久即展出。

7月，《灵魂的归宿：俄罗斯墓园文化》由群言出版社出版。此书开了俄罗斯墓园文化研究的先河。

7月，为纪念中国人民抗日战争胜利55周年，画《抗联》一幅，并创作诗歌《最后一个冬天——为纪念抗日战争胜利55周年而作》《江水滔滔——为〈抗联〉画题诗》等4首。

2001年（75岁）

1月初，陪同俄罗斯朋友观看孟京辉根据高莽的译本导演的马雅可夫斯基的话剧《臭虫》。

1月，所译《帕斯捷尔纳克》由长春出版社出版。

3月，应哈尔滨作协之邀画成一套《萧红》明信片。

6月1日，接受《人民网·文化频道》采访。

6月下旬，电视台播放《高莽和他生命中的三个女性》，介绍了母亲、妻子和女儿的一些经历。

9月上旬，随丁伟志去香港和澳门出席"汉文史资料库研讨会"。

9月，散文随笔集《文人剪影》由武汉出版社出版。

9月23日至10月16日，由中俄友协组织，刘恕带队，组成旅游团，与田裕钊、张桐胜、钮英丽等赴俄罗斯进行近一个月的中俄友好宣传活动。

11月20日，中央电视台"东方之子"播出高莽专题。

本年，我国首都文艺界举行集会，纪念法捷耶夫诞辰100周年，为其画肖像一幅。

本年，由阿格诺索夫主编的《20世纪俄罗斯文学》获俄罗斯国家最高奖——总统奖（教育类），其中近百幅作家画像由高莽所绘。

本年，中国戏剧出版社出版的《莎士比亚戏剧故事全集》（上、下册）收录所画彩色插图3幅。

本年，莫斯科奥斯特洛夫斯基纪念馆（现改名以奥斯特洛夫斯基为名的战胜残疾博物馆）馆长加琳娜·赫拉勃罗维茨卡娅到家做客，希望能为博物馆画一幅奥斯特洛夫斯基像。

2002年（76岁）

7月6日，时任中共中央总书记的江泽民到中国社会科学院考察工作，并参观了社科院书画展。书画展展出了高莽的两幅巨作：一是为纪念毛泽东《在延安文艺座谈会上的讲话》发表 50 周年而创作的丈六尺大画《历史的一页》；一是《瞻望亚洲的曙光》，画作表现了马克思揭露帝国主义列强侵略中国的卑劣行径，热情歌颂东方被压迫人民的反抗斗争的国际主义精神。

10 月，散文《书葬》连同女儿晓岚为他拍摄的在书堆中看书的照片获得冰心摄影文学奖。

本年，《我死了》一文被评为 2002 年度"最受读者喜爱的杂文"，并被收入人民文学出版社出版的《中华杂文百年精华》一书。

2003 年（77 岁）

4 月，接待来访的俄中友好协会代表团。

6 月，为纪念苏联女宇航员瓦连京娜·捷列什科娃宇宙航行 40 周年，俄罗斯大使馆文化参赞梅捷廖夫邀请高莽为其画像。

11 月 15 日，参加中国现代文学馆"巴金百岁喜庆艺术大展"开幕式。"艺术大展"展出了长 5 米、高 2 米的巨幅国画《巴金和他的老师们》。

11 月，散文随笔集《枯立木》由东方出版社出版发行。

2004 年（78 岁）

2 月，《圣山行：寻找诗人普希金的足迹》由中国社会科学出版社出版。

3月22日，中央人民广播电台"中国之声·人物春秋"播出《追随大师的脚步——高莽》。

5月，内蒙古电视台播出了题为《大家风范——翻译家高莽》的电视片。

5月，陪同俄罗斯宇航员捷列什科娃在中国访问。

9月，出席中国对外友协组织的纪念俄罗斯作家尼古拉·奥斯特洛夫斯基诞辰100周年大会，并展出了为奥斯特洛夫斯基画的画像。

中央电视台于10月18日、10月24日和10月31日三次播放了《赞梅图》和有关高莽的介绍。

11月7日，在中国翻译家协会第五届全国理事会闭幕式上被授予"资深翻译家"称号。

本年，为四川省翻译学会等单位主办的《文学翻译报》复刊题词："译业光荣，译艺艰苦，译事永存。"同时，担任该报顾问。

本年，荣获俄罗斯颁发的尼·奥斯特洛夫斯基奖章。

2005年（79岁）

1月，所著《俄罗斯大师故居》由中国旅游出版社出版。

2月16日，北京电视一台《神州纪事》栏目播出了采访高莽及其夫人、女儿的纪录片。

5月，《心灵的交颤：高莽散文随笔集》由中央编译出版社出版。

同月，《俄罗斯美术随笔》由人民文学出版社出版。（2006年，此书又由台北立绪文化事业有限公司出版）

5月14日，出席"绿原诗歌创作研讨会"，为绿原画了一幅大的画像。

9月，被俄罗斯国际科学文化合作中心授予"友谊贡献"荣誉奖状。

10月19日，在《环球时报》发表纪念巴金的文章《巴金，受法俄作家影响大》，介绍巴金受到的法国和俄罗斯文学的影响。

11月1日，在《中国社会科学院报》上刊发缅怀巴金的文章《巴金和俄罗斯文学的情结》。

本年4月7日，为纪念中国近代著名教育家、复旦大学创始人马相伯先生诞辰165周年，有关方面制作了"马相伯壶"165把，高莽为其壶面画马相伯线描速写，并书"纪念马相伯先生诞辰165周年"。

2006年（80岁）

1月，宋兆霖主编的《诺贝尔文学奖全集》（上、下卷）由北京燕山出版社出版。高莽为每一位获奖作家画了头像，此书还收录了他的有关译稿，帕斯捷尔纳克的诗歌《佛晓》《松》《冬夜》《三月》《哈姆雷特》等。

1月11日，参加中俄友好协会举办的招待俄中友协人士的宴会。

1月12日，《中国社会科学院报》图文报道了俄罗斯文学家、翻译家和画家高莽。

2月15日，俄罗斯驻华大使谢·拉佐夫代表俄罗斯美术研究院授予高莽名誉院士称号并颁发证书。

2月24日，人物传记《帕斯捷尔纳克——历尽沧桑的诗人》获中国社会科学院首届离退休人员优秀成果一等奖。

5月23日，俄罗斯作家协会主席瓦·加尼切夫在俄罗斯驻华大使馆向为传播俄罗斯文学作出突出贡献的中国学者颁发首届高尔基奖章与奖状，高莽是获奖者之一。

8月3日，被授予荣誉学部委员称号。

8月13日，参加在中国现代文学馆举行的中俄作家对话交流活动并发言。

9月18日，出席国家历史博物馆举办的国家机关书画展，所作《青年毛泽东》一画获优秀奖。

9月18日，《北京晚报·五色土副刊》刊登《丁聪文人肖像：高莽》。

10月16日，在《京华时报》发表《〈词典〉〈辞源〉最值得阅读》一文。

10月，女儿晓岚编辑的《岁月·天伦——高莽家庭画册》将他画的家人和家人写他的文章汇成一集，以"北京天伦山出版社"的名义自印数册赠送家人。同时献给高莽80岁生日。

11月，《我画俄罗斯》一书由人民文学出版社出版。

11月3日，在中国现代文学馆参加"此物最相思——作家友情展"开幕式，其中展出了巴金、茅盾等老作家画的像。

11 月 15 日，《文艺报》刊登一版高莽的作家画像。

2007 年（81 岁）

1 月，《白银时代》由中国旅游出版社出版。

3 月 18 日，中央电视台十频道《大家》栏目播出《高莽——翻译家》节目。

3 月，《高贵的苦难：我与俄罗斯文学》一书由河南文艺出版社出版。

9 月 18～30 日，在上海图书馆举办"历史之翼——品读文化名人"高莽文化名人肖像画展，展出了高莽创作的 100 多幅中外文化名人肖像。

10 月，莫斯科隆重纪念俄罗斯俄中友好协会成立 50 周年，中国派出以中国人民友好协会与中俄友好协会会长陈昊苏为团长的代表团参加纪念活动。庆祝会上，与陈昊苏、朱佳木、刘恕等一起被授予"友谊"纪念章。

作为文化交流项目，10 月 24 日，高莽画展在以奥斯特洛夫斯基名字命名的国立"自强"人文中心博物馆开幕，展出了他所画的俄苏和中国作家的肖像画。《真理报》以整版篇幅报道了这次画展。

2008 年（82 岁）

1 月，《历史之翼·品读文化名人》一书由长春出版社出版。此书收录了高莽为许多国家的文化名人所画的画像、所写的人物介绍及画像背后的故事，共介绍了28个国家的64位世界文化名人。

5月12日，汶川地震。写成诗《青鸟之歌——悼念汶川地震》《再过100年——汶川祭》等两首。

5月15日，《中国社会科学院报》第35期刊登"专家学者近况"，以图文形式专题介绍了荣誉学部委员，俄罗斯文学研究专家、翻译家、画家高莽。

9月，《墨痕》一书由哈尔滨北方文艺出版社出版。

11月，《人生笔记》一书由中国文联出版社出版。

这一年，画了几幅较大的外国作家肖像，包括土耳其作家帕慕克（2006年诺贝尔文学奖得主）、美国作家福克纳（1946年诺贝尔文学奖得主）等。

2009年（83岁）

1月，《墓碑·天堂：向俄罗斯84位文学、艺术大师谒拜絮语》一书由人民日报出版社出版。

6月27日，中央电视台第4频道三次播映高莽访俄的节目。

10月17日，出席北京"居然之家"举办的高莽与其油画老师克列缅杰耶夫的联合画展。

11月18～19日，去天津参加冯骥才文学艺术研究院举行的"心灵的桥梁——中俄文学学术交流研讨会"，并在讨论会上发了言。

本年，应俄罗斯屠格涅夫故居纪念馆之邀为屠格涅夫画像。

本年，为庆贺俄罗斯俄中友好协会会长季塔连科 75 岁寿辰，高莽为其画像，中俄友协会长陈昊苏在画上题了字。

2010 年（84 岁）

4 月 29 日至 5 月 1 日，应俄罗斯远东国立理工大学邀请，飞赴海参崴举办画展。

6 月 12 日，前往哈尔滨，出席在伏尔加庄园举行的"高莽中俄文化名人肖像画展"（展览延续到 8 月）。在哈尔滨走访了旧居、工作地点，看望了许多老友。

6 月，中俄文对照版《俄罗斯，我的爱恋》由北方文艺出版社出版。

9 月，乌克兰驻华大使尤里·科斯坚科受乌克兰总统委托，为高莽颁发乌克兰"三级贡献"勋章，以表彰高莽在乌克兰文学译介和中乌两国文化交流方面所作出的突出贡献。

本年，译作《中国的呼吸》（乌兰克女诗人斯吉达尔著）由北京大学出版社出版。

2011 年（85 岁）

4 月，《俄苏广场文化谈片》一书由内蒙古教育出版社出版。

5 月，译作《安魂曲》（俄罗斯女诗人安娜·阿赫马托娃著）由台湾人间出版社出版。

6 月，诺贝尔文学奖获得者秘鲁作家略萨访华，高莽为其画像，并请他签名留念。

9月23日，中国外文局和中国翻译家协会在北京举行"第二届中译外高层论坛暨'翻译文化终身成就奖'表彰大会"，高莽、李戊荪、江枫、李文俊共四位翻译家同获此奖。

10月，女儿晓岚搜集高莽散存诗歌近80余首，编成《高莽诗抄》一书，以"北京天伦山出版社"名义自印数册赠送亲友。此书是女儿献给父亲85岁生日的礼物。

俄中友好协会特请著名画家弗什维杜为高莽画像，以庆贺其85岁寿辰。中俄友协等一些单位也送来花篮表示祝贺。

11月，上海巴金故居印制了一套由高莽绘制并撰文的《为巴金画像》，其中收录20多幅画像。

同月，出席中国作家协会第七届代表大会。

本年，为诗人邵燕祥画肖像。

本年，译作《四季旋律》（乌兰克女诗人斯吉尔达著）由北京大学出版社出版。

2012年（86岁）

3月7日，接受俄文版杂志《开放的中国》副社长陈慧珍、俄罗斯女编辑伊丽娜·普希金娜和摄影师姚宝龙采访。

4月25日，随陈昊苏会长等飞赴莫斯科，出席李克强副总理在莫斯科总统宾馆举行的中俄友好人士会见会。

5月8日，俄罗斯美术家协会主席西多罗夫带着三位助手来访，获赠西多罗夫的画册。

本年，《神州絮语》（乌克兰女诗人斯吉尔达著）由北京大学出版社出版。

2013 年（87 岁）

6 月 26 日至 7 月 5 日，在中国现代文学馆举办"历史之翼——高莽人文肖像画展"，展出高莽画作 200 幅。

10 月，《桂冠——诺贝尔文学奖作家肖像和传略》一书由人民文学出版社出版。

本年，应作家出版社之邀，为该社编辑出版的《中国百位文化名人传记》丛书画百幅肖像。

2014 年（88 岁）

5 月 10 日，出席在中国现代文学馆举办的"六人边写边画画展"，画展展出了高莽等 6 人的作品。

5 月，在家中接受《深圳特区报》驻京记者李萍采访，采访稿以《苦难是最好的导师》为题，发表在 5 月 26 日的《深圳特区报》上。

7 月 2 日，接受俄罗斯电视台制片人梅列京等人的采访。

8 月，所译《锌皮娃娃兵》由九州出版社出版。

本年健康状况急剧变坏，放弃一些社会活动，谢绝了各种邀请。

2015 年（89 岁）

1 月，《华人画事》杂志 2015 年第 1 期刊登了高莽的《学画的经历》，除文字外，还刊登了所画外国文化名人肖像画十多幅、绘画经历照片十多幅。本期杂志封面即选用所画《契诃夫画像》。

3月，散文《母亲，我心中的灯》获《百家湖》杂志第六届"家春秋"主题征文一等奖。

本年，图文小品合璧集《沧海礁石录》由作家出版社出版。

2016年（90岁）

……

附录二：主要著作目录

1. 班达连柯：《保尔·柯察金》（2005 年制成缩微品），乌兰汗译，哈尔滨兆麟书店，1948。

2. 卡达耶夫：《团队之子》（2007 制成缩微品），乌兰汗译，东北新华书店，1949。

3. 班达连柯：《保尔·柯察金》，乌兰汗译，新华书店，1950。

4. 葛里古力斯：《粘土与瓷器》（四幕话剧），乌蓝汗译，东北新华书店，1950。

5. 巴波夫：《家——列宁的青年时代：四幕十场》，乌蓝汗译，哈尔滨中国新民主主义青年团东北工作委员会宣传部，1950。

6. 乌里扬诺娃：《列宁的童年与学生时代》，乌蓝汗译，东北青年出版社，1951。

7. 冈察尔：《冈察尔短篇小说集》，乌兰汉辑译，火星社，1951。

8. 基亚什柯：《我们怎样建立了集体农庄》，陈孝庭插图，桴鸣、乌蓝汗译，东北人民出版社，1952。

9. 达吉阿尼：《星星之火》，乌蓝汗译，时代出版社，1952。

10. 乌尔贡：《太阳出来了》（三幕十场诗剧），乌蓝汗译，时代出版社，1952。

11. 乌里扬诺娃：《列宁的儿童与学生时代》，乌兰汗译，东北人民出版社，1953。

12. 乌里杨诺娃：《列宁的童年与学生时代》，乌兰汗译，辽宁人民出版社，1953，1955 重印。

13. 齐尔斯柯夫：《胜利者》，与高亚天、付克合译，人民文学出版社，1953。

14. 纳胡茨里什维里：《领袖的少年时代》（四幕十一景话剧），乌蓝汗译，时代出版社，1954。

15. 葛里古力斯：《黏土与瓷器》，乌蓝汗译，作家出版社，1955。

16. 唐克：《唐克诗选》，戈宝权、乌兰汗译，人民文学出版社，1958。

17. 阿菲诺盖诺夫：《亲骨肉》（三幕八场话剧），乌兰汗译，中国戏剧出版社，1958。

18. 米耶达：《米耶达诗选》，乌兰汗、船甲译，人民文学出版社，1962。

19. 雅柯伐：《我们的土地》，乌兰汗译，中国戏剧出版社，1962。

20. 乌兰汗编文《伟大的无产阶级革命导师马克思和恩格斯》，高莽绘组画，人民美术出版社，1978。

21. 冈察尔：《永不掉队：冈察尔短篇小说集》，乌兰汗译，外语教学与研究出版社，1982。

22. 乌兰汗编选《苏联当代诗选》，人民文学出版社，1982。

23. 格列波涅夫等:《卡尔·马克思青年时代》, 乌兰汗译, 中国文艺联合出版公司, 1983。

24. 乌兰汗编《苏联女诗人抒情诗选》, 漓江出版社, 1986。

25. 高莽:《久违了, 莫斯科!》, 作家出版社, 1986。

26. 冈察尔:《永不掉队》, 乌兰汗译, 人民文学出版社, 1987。

27. 高莽编《苏联文学插图》, 浙江人民美术出版社, 1987, 1990 重印。

28. 高莽:《苏联文学插图》, 浙江人民出版社, 1987。

29. 普希金:《致大海:俄国五大诗人诗选》, 乌兰汗译, 人民文学出版社, 1989。

30. 高莽:《诗人之恋——苏联三大诗人的爱情悲剧》, 外国文学出版社, 1991。

31. 帕斯捷尔纳克:《人与事》, 乌兰汗、桴鸣译, 生活·读书·新知三联书店, 1991。

32. 阿赫马托娃:《爱:阿赫马托娃诗选》, 乌兰汗译, 外国文学出版社, 1991。

33. 普希金:《普希金抒情小诗》, 高莽编译, 浙江文艺出版社, 1992。

34. 普希金:《普希金抒情诗全集》, 高莽编译, 浙江文艺出版社, 1994。

35. 高莽:《妈妈的手》, 中国华侨出版社, 1994。

36. 普希金著、卢永选编《普希金文集·第二卷·抒情诗》，乌兰汗译，人民文学出版社，1995。

37. 高莽:《阿尔希波夫的故事》，河北少年儿童出版社，1996。

38. 古米廖夫著、王守仁编选《复活的圣火：俄罗斯文学大师开禁文选》，乌兰汗译，广州出版社，1996。

39. 高莽:《画译中的纪念》，九洲图书出版社，1997。

40. 高莽:《域里域外》，中共中央党校出版社，1997。

41. 高莽选编《俄罗斯的白桦林》，华夏出版社，1997。

42. 普希金著、肖马、吴笛主编《普希金全集·1·抒情诗》，乌兰汗译，浙江文艺出版社，1997。

43. 普希金著、肖马、吴笛主编《普希金全集·2·抒情诗》，乌兰汗译，浙江文艺出版社，1997。

44. 帕斯捷尔纳克:《追寻：帕斯捷尔纳克回忆录》，安然、高韧译，花城出版社，1998。

45. 祝勇、高莽、王焱插图:《行走的祝勇》，中国文联出版公司，1999。

46. 祝勇、高莽插图:《禁欲时期的爱情》，中国文联出版公司，1999。

47. 祝勇、高莽插图:《改写记忆》，中国文联出版公司，1999。

48. 高莽:《四海觅情》，华文出版社，1999。

49. 高莽:《鲍·帕斯捷尔纳克：历尽沧桑的诗人》，长春出版社，1999。

50. 阿列克西耶维奇:《锌皮娃娃兵》，乌兰汗、田大畏译，昆仑出版社，1999。

51. 卢日科夫:《莫斯科，我们是你的儿女》，高梦译，新华出版社，1999。

52. 高莽:《灵魂的归宿：俄罗斯墓园文化》，群言出版社，2000。

53. 黎先耀主编、高莽插图:《理想的桂冠：诺贝尔文学奖获奖者文萃》，经济日报出版社，2000。

54. 高莽著绘《文人剪影》，武汉出版社，2001。

55. 高莽:《帕斯捷尔纳克》，长春出版社，2001。

56. 高莽主编《明月般的朋友》，百花文艺出版社，2001。

57. 张英伦主编、高莽绘图:《外国名作家大典》（2 册），金城出版社，2002。

58. 朱邦复、高莽插图:《宇宙浪子：科幻仙侠小说》（12 册），中国社会科学出版社，2002。

59. 李延龄主编《松花江畔紫丁香》，高莽译，北方文艺出版社、黑龙江教育出版社，2002。

60. 契诃夫、乌兰汗:《挂在脖子上的安娜：契诃夫小说》，马心水译，浙江文艺出版社，2002。

61. 普希金:《普希金诗选》，高莽译，人民文学出版社，2003，2008 重印。

62. 普希金:《普希金诗选》，高莽译，人民文学出版社，

2003。

63. 普希金:《普希金诗选》，肖马编、乌兰汗译，浙江文艺出版社，2003。

64. 高莽:《枯立木》，东方出版社，2003。

65. 黎先耀、高莽主编，梁秀荣、劳石选编《百年人文随笔·外国卷》，吉林人民出版社，2003。

66. 契诃夫:《跳来跳去的女人：契诃夫短篇小说经典》，乌兰汗、念驹译，上海社会科学院出版社，2004。

67. 高莽:《圣山行：寻找诗人普希金的足迹》，中国社会科学出版社，2004。

68. 徐兴、高莽美术插图:《难忘的沽河人》，长城出版社，2005。

69. 高莽主编《重现经典系列本》（丛书未出），重庆出版社，2005。

70. 高莽:《俄罗斯美术随笔》，人民文学出版社，2005。

71. 高莽:《心灵的交颤：高莽散文随笔选集》，中央编译出版社，2005。

72. 高莽:《俄罗斯大师故居》，中国旅游出版社，2005。

73. 高莽:《俄罗斯美术随笔》（海外中文图书），立绪文化事业有限公司（人民文学出版社授权出版），2006。

74. 高莽:《我画俄罗斯》，人民文学出版社，2006。

75. 契诃夫:《契诃夫短篇小说精选》，沈念驹、乌兰汗译，光明日报出版社，2007。

76. 高莽：《白银时代》，中国旅游出版社，2007。

77.《俄罗斯文学肖像·乌兰汗译作选·诗歌卷》，高莽译，广西师范大学出版社，2007。

78.《俄罗斯文学肖像·乌兰汗译作选·散文卷》，高莽译，广西师范大学出版社，2007。

79. 高莽：《高贵的苦难：我与俄罗斯文学》，河南文艺出版社，2007。

80. 高莽主编《历史之翼·品读文化名人》，长春出版社，2008。

81. 契诃夫：《契诃夫短篇小说精选：名师伴读版》，沈念驹、乌兰汗译，光明日报出版社，2008。

82. 高莽：《墨痕》，北方文艺出版社，2008。

83. 高莽：《人生笔记》，中国文联出版社，2008。

84. 高莽：《墓碑·天堂：向俄罗斯 84 位文学、艺术大师谒拜絮语》，人民日报出版社，2009。

85. 高莽主编《俄罗斯抒情诗 60 首：贺中俄建交及中俄友好协会成立 60 周年》，现代出版社，2009。

86. 黎先耀、高莽主编《百年人文随笔·外国卷》（3 册），吉林人民出版社，2009。

87. 黎先耀、高莽主编《百年人文随笔·中国卷》（3 册），吉林人民出版社，2009。

88. 高莽：《我的画》，黑龙江美术出版社，2010。

89. 斯吉尔达：《中国的呼吸》，乌兰汗译，北京大学出版社，2010。

90. 帕斯捷尔纳克：《阿佩莱斯线条》，乌兰汗、桴鸣译，上海译文出版社，2011。

91. 斯吉尔达：《四季旋律》，乌兰汗译，北京大学出版社，2011。

92. 高莽：《俄苏广场文化谈片》，内蒙古教育出版社，2011。

93. 阿赫马托娃：《我会爱》，乌兰汗译，台北人间出版社，2012。

94. 斯吉尔达：《神州絮语》，乌兰汗译，北京大学出版社，2012。

95. 帕斯捷尔纳克：《人与事》，乌兰汗译，新星出版社，2012。

96. 高莽：《飞光暗度》，海天出版社，2012。

97. 高莽：《桂冠——诺贝尔文学奖作家肖像和传略》，人民文学出版社，2013。

98. 高莽：《沧海礁石录》，作家出版社，2015。

99. 高莽：《普希金绘画》，漓江出版社，2016。

100. 阿赫马托娃：《安魂曲》，高莽译，北方文艺出版社，2016。

101. 阿赫马托娃：《阿赫马托娃诗文抄——高莽手迹》，高莽译，海天出版社，2017。

后　记

　　2016 年 12 月 15 日，中国社会科学院办公厅年鉴处的同志找到我说：为了庆祝建院 40 周年，他们打算编辑出版一套"学术大家口述史"（最后定为"学术名家自述"），希望我能参与。他们问我愿意为谁整理口述史。我说，我愿意为高莽整理。

　　我和高莽老师是忘年交。从我 1996 年刚刚调到《中国社会科学院通讯》（《中国社会科学院报》的前身）就开始写高莽，分别在《中华儿女》杂志上发表《且译且画的妙笔高郎》，在《中国社会科学院通讯》和深圳《特区工报》上发表《妙化笔端意传神——记生活的多面手高莽》等。在此后的 20 多年里，我又多次发表有关高莽的通讯、特写、专访。我每次去高莽老师家，他都要赠送我他的图书新作，现在我也有十几本他的著作了。而且他 3 次给我画速写，让我深感荣幸。

　　大概是两年前，我去高老家，我问他：高老，有人写您的传记吗？他说，没有。我说，等我忙完了，我来写，行吗？高老哈哈一笑说：那当然好啦！高老是我采访接触的人中记忆力最好的人之一，几十年前许多细小的生活情节，他都记得清清楚楚，令我叹服。但这次我接受任务后，再去他家时，91 岁的高莽老师自己说，身体已经大不如前，记忆力也明显下降，许多事都记不起来了。这给我采访带来了很大的困难，也深感岁月不饶人！

　　好在高莽老师是极为勤奋之人，他一生笔耕不辍，先后出

版了 100 多本图书，包括著
作、译著、散文随笔集、画
册等。要把这些书全部读一
遍，恐怕得一两年时间，好
在我对高老的情况比较熟悉，
再加上高老的女儿宋晓岚、
侄女宋晓崟帮助我找资料，
这样连续奋战了 3 个多月，

本书整理者采访高莽
左起：高莽、《人民政协报》记者王小宁、中国社会
科学院老专家协会秘书长杲文川

整理出正文、书目、大事记等。高老又从头至尾仔细查看一遍，
就急匆匆交稿了。

　　高莽老师的一生极其丰富多彩。在 20 世纪 50 年代中苏友
好时期，中国的文化名人到苏联参观学习，高莽为他们做翻译；
苏俄文化名流来访，高莽要陪同他们参观游览，还为他们画画。
后来长期做《世界文学》杂志的编辑、主编，继续和全国的文
化界名流交往，并接触了世界各国的文学大师，尤其是他多次
访问苏联和后来的俄罗斯，在俄苏文化界有着广泛的人脉。在
整理此书时，笔者要搞清中外方方面面的名流学者及其与高莽
的关系，也是要花许多气力的。由于任务紧急，时间紧迫，本
书在紧赶慢赶中完成，对于高莽老师丰富的人生，可能会有遗
漏的地方，或不完善的地方，敬请各位方家阅读后指正！

杲文川

2017 年 4 月

图书在版编目(CIP)数据

高莽 / 高莽自述；呆文川整理. -- 北京：社会科
学文献出版社, 2017.6
（学术名家自述）
ISBN 978-7-5201-0836-2

Ⅰ. ①高…　Ⅱ. ①高… ②呆…　Ⅲ. ①高莽－传记
Ⅳ. ①K825.5

中国版本图书馆CIP数据核字（2017）第089798号

·学术名家自述·

高莽

自　　述 / 高　莽
整　　理 / 呆文川

出 版 人 / 谢寿光
项目统筹 / 梁艳玲
责任编辑 / 梁艳玲　周志宽　蔡莎莎

出　　版 / 社会科学文献出版社（010）59366560
　　　　　　地址：北京市北三环中路甲29号院华龙大厦　邮编：100029
　　　　　　网址：www.ssap.com.cn
发　　行 / 市场营销中心（010）59367081　59367018
印　　装 / 三河市东方印刷有限公司

规　　格 / 开　本：880mm×1230mm 1/32
　　　　　　印　张：8.875　字　数：182千字
版　　次 / 2017年6月第1版　2017年6月第1次印刷
书　　号 / ISBN 978-7-5201-0836-2
定　　价 / 59.00元

本书如有印装质量问题，请与读者服务中心（010-59367028）联系